文化遺産シェア時代

価値を深掘る“ずらし”の視角

加藤幸治

Kato Koji

社会評論社

はじめに

現代はシェアの時代ともいわれます。ＳＮＳ（ソーシャル・ネットワーキング・サービス）が普及するなかで、個人がカメラと短い言葉で経験をリアルタイムに、そして気軽に発信することができるようになりました。その投稿の集積が、他者の投げかけと混ざりながら拡散していくとともに、自分の興味関心や価値観の主張として連なっていく感覚が、そこにはあります。

現代は文化の時代ともいわれます。世界遺産や歴史的な名所には国内外からの観光客が足を運び、大規模な展覧会には海外から来日する作品を目あてに長蛇の行列ができます。多くの人々が旅をよりパーソナルな動機にもとづいて行うようになり、何を見たいかはメディアによってもたらされる情報に大きく左右されるようになっています。

こうした時代にあって、わたしたちは歴史や文化についての情報に容易にアクセスできるようになり、実際に足を運んでそれにふれることも計画しやすくなりました。そして、実際に現場に赴き、その経験を手軽にシェアできるようにもなりました。

しかし、その歴史や文化にかんする情報は、インターネットを開けば圧倒的な量で得られる一方で、その内容は思いのほか均質なものであることに驚かされます。ひとむかし前のインターネットとの付き合いかたは、誰かわからないような人が適当に書いたものより、当事者や専門家の書いた〝ちゃんとした情報〟を探すというものでした。それに対し近年は、多くの人の手が入って編集された情報が転載されつづけて拡散していき、結果としてオリジナルが不在な、何となくしっかりした情報が遍在しているような状況にあるように、わたしにはみえます。そのわかりやすさは、情報を吟味する力を減退させるだけでなく、正しいとされる情報をそのまま受け入れて満足感を得ることに馴れてしまうことにつながり、思考停止状態を生みだします。

歴史や文化のみならず、人文学の最大の魅力は、自分で見聞きしたり、自分の切り口で集めた情報をもとに、自分なりの観点を持って面白さを発見するところにあります。そうしてすこしずつ自分を見つめ直す材料を溜めていくことで、心の豊かさや生きることの意味を涵養《かんよう》するところにあります。ですから、何かの情報をもとに〝わかった〟と思った瞬間が一番危ういのです。なぜならそれは、何かを鵜呑みにした瞬間でもあるからです。わかりやすい情報にあふれた現代を生きるわたしたちには、自分で考える力、本当にそれだけだろうかと疑う力、答えよりも問いを見出すまなざし、もっと面白いことはないのだろうかという好奇心が、求められています。

歴史や文化の面白さは、高校までの勉強のように、事実を覚えることや歴史的な事柄をそらんじて言えることにあるのではありません。みずからの視点で深堀りしていくことのなかにこそあります。そこで必要なのが〝ずらし〟の視角です。まずは物事がどう価値づけられているか、どういう観点が重視されているかを知ることはとても重要です。世界遺産にはその理念と目的がありますし、文化財にはそれを裏づける価値があります。しかし、そうしたものを踏まえるところで満足してはスタートラインに立っただけです。それをふまえて、自分としてはこういうところが面白い、価値づけとは異なる部分にも見るべきものがある、個人的な関心からはむしろこちらの方が面白い、といったことを追究してみてはじめて歴史や文化が自分のなかで意味を持ってきます。

こうしたことを、日々の仕事として大まじめにやっているのが、博物館の学芸員です。わたしはかつて公立博物館の学芸員（民俗担当）を10年勤め、そのあと大学で教えながら大学博物館の学芸員として活動しています。そのなかで、アカデミックな研究とはすこしずらしたところにある、学芸員ならではの面白いものを探し出す視点の独自さというものに注目しています。学問的に重要なことがらも、そのままでは一般の人々や子どもたちに興味を持ってもらえないことが多いなか、切り口をかえたときに人々が向けてくれる関心の度合いがガラッと変わることがあります。切り口の面白ささえ伝われば、マニアックなこだわりで深堀りしたものほど、共感をえられるものです。〝ずらし〟の視角は、学問と社会との結節点にある博物館そのものがもっている可能性の1つです。

シェアの時代である現代、文化遺産や文化財、博物館について、いったんそれが目指すものを踏まえたうえで、自分なりの視角で深堀りすると楽しくなります。シェアすべきはそうした切り口であり、自分が面白いと思うものを自信を持って投げかけるべきです。うわべだけの知識で満足して、あらかじめそこで撮影することを用意されたようなフォトジェニックな写真をシェアするような時代を乗り越えましょう。そのことが、近年日本では軽視されがちな人文学の魅力です。

学芸員的な思考には、面白いもの探しをするセンスだけでなく、文化的な資源を使って人と人とを結びつけていく楽しさも、重要な要素としてあります。現代の博物館には、資料の調査研究や展示・普及という従来からの機能に加え、市民の学習センター、地域の資源を活用した文化創造の場、地域社会の様々な立場の人々の交流の場といった、市民社会との関わりにおける役割が求められています。博物館という場で、歴史や文化をシェアすることで生まれる新たな活動や価値観を社会に発信していくことこそ、現代の地域博物館の理想であると、わたしは考えています。ここに、もうひとつのシェアの可能性があります。

本書は、こうした歴史や文化にかかわるあらゆる形式のものを、広い意味で文化遺産ととらえています。それを自分なりの視座からとらえなおした切り口を、〝ずらし〟の視角と位置づけたうえで、その楽しさをいかにシェアできるかを、現代的な課題ととらえています。文化遺産や博物館について学びたい人や、まちづくりや地域の復興に文化の面から関与したい人に手に取ってもらいたいと願っています。第1部は世界規模の文化的な遺産にかんして、第2部は国内の文化財や博物館にかんして記しています。一幕完結で書いていますので、どこからでも読み始めることができるようになっています。

第1章から第4章は、ユネスコ（国連教育科学文化機関）の活動と日本の現状を紹介しつつ、わたしなりに切り口を設定しながら、文化をめぐるいろいろな問題について紹介しています。第1章では世界遺産を、第2章では無形文化遺産を、第3章では世界の記憶を取りあげたうえで、それらの活動の理念において土台となりうる文化的多様性について第4章で述べています。第5章は国連食糧農業機関の世界農業遺産の活動を取りあげました。

第6章では日本の文化財保護制度について、第7章では記念物について、第8章では地域博物館をとりあげ、その社会的意義や問題点を指摘しています。第9章では民俗文化財を例に学芸員の調査研究について、第10章では住民参加や市民参画、協働について取りあげ、地域博物館の学芸員のポテンシャルと現代的な存在意義を問いたいと思います。最後に第11章で文化財レスキュー活動をとりあげ、被災地で目指す文化における「より良い復興」について紹介します。

本書の全体を通して、わたしは歴史や文化の研究を含む人文学が、現代社会の最前線にある問題とふかく結びついていることを、お伝えしたいと考えています。そして、文化を深堀りする〝ずらし〟の視角を持つことが、新たな楽しさや価値観の転換を生みだし、それをシェアすることの意義を、広く〝シェア〟できればと願っています。

文化遺産シェア時代＊目次

第2部 文化財・博物館・学芸員

第1部 文化・歴史・遺産

『文化遺産シェア時代』関連リンク集

以下のウェブサイトに各章の内容にかかわる最新の情報についてのリンクをはっていますので、それぞれ参考にしてください。
http://lafiesta.cocolog-nifty.com/blog/share.html

第1章
「世界の文化遺産及び自然遺産の保護に関する条約」(英文)
「世界の文化遺産及び自然遺産の保護に関する条約」(仮訳)
「世界遺産条約履行のための作業指針」で示されている登録基準
日本の世界文化遺産の一覧

第2章
無形文化遺産の保護に関する条約(英文)
無形文化遺産の保護に関する条約(仮訳)
日本の無形文化遺産の一覧

第3章
ユネスコ「世界の記憶」 記録遺産保護のための一般指針(英文)
ユネスコ「世界の記憶」 記録遺産保護のための一般指針(仮訳)
日本の世界の記憶の一覧

第4章
文化的多様性に関する世界宣言(英文)
文化的多様性に関する世界宣言(仮訳)
リオ+20 我々の求める未来の概要

第5章
世界農業遺産の認定基準(英文)
世界農業遺産の認定基準(和訳)
日本の世界農業遺産の一覧

第１章

「平和のとりで」の構築

世界文化遺産「原爆ドーム」（広島県広島市）

“ずらし”の視角

人類普遍の価値

⬇

こだわりの面白いもの探し

1 世界遺産が守りたいもの

ユネスコの世界遺産活動

世界遺産は、現在とても身近なものとなっています。小学生向けの図鑑から世界各国の旅行ガイドブック、テレビ番組などあらゆるメディアを通じて、世界遺産はその国の自然や歴史・文化を知る上で代表的なものとして紹介されます。旅行の主要な目的地として、世界遺産は現代人にとって一生に一度は行ってみたい憧れの地と結びついています。そのため、観光や地域産業といった経済と不可分であり、開発や商業化と保護・継承のバランスが、しばしば問題とされます。また、そこでは人類普遍の価値を謳いながら、先進国に登録物件が著しく偏っているといった不均衡も含まれており、現代の文化をめぐる問題の最前線ともいえます。

世界遺産（World Heritage）とは、ユネスコ（国際連合教育科学文化機関）が定めた「世界の文化遺産及び自然遺産の保護に関する条約」、いわゆる世界遺産条約に基づいて、「世界遺産一覧表」に記載されたものをいいます。大きく**文化遺産**、**自然遺産**、そしてそれら両方を兼ね備えた**複合遺産**に分類され、その登録件数はすでに1，000を超えています。世界遺産条約は、人類全体の遺産を将来の世代へ伝えるために、国際的な協力・援助体制を確立することを目的としたもので、1972年にユネスコ総会で採択され、日本は1992年に批准しています。文化遺産は世界各国にある多様な文化の結晶であり、その歴史や精神性は先人が培ってきた財産として、自然遺産は人間のスケールを超えた地球の生成と壮大な自然の営みを示すものであり、開発や環境汚染など人間の活動による影響から守るべきものとして保護・継承の対象となっています。

それでは、どういうものが世界遺産に登録されるのでしょうか。ユネスコは世界遺産の「**登録基準**」というものを持っています。文化遺産の場合、以下の6つのうち1つ以上あてはまらなければなりません。

（ⅰ）人類の創造的才能を表す傑作である。

（ⅱ）ある期間、あるいは世界のある文化圏において、建築物、技術、記念碑、都市計画、景観設計の発展における人類の価値の重要な交流を示していること。

（ⅲ）現存する、あるいはすでに消滅した文化的伝統や文明に関する独特な、あるいは稀な証拠を示していること。

（ⅳ）人類の歴史の重要な段階を物語る建築様式、あるいは建築的または技術的な集合体または景観に関する優れた見本であること。

（ⅴ）ある文化（または複数の文化）を特徴づけるような人類の伝統的集落や土地・海洋利用、あるいは人類と環境の相互作用を示す優れた例であること。特に抗しきれない歴史の流れによってその存続が危うくなっている。

（ⅵ）顕著で普遍的な価値をもつ出来事、生きた伝統、思想、信仰、芸術的作品、あるいは文学的作品と直接または明白な関連があること（ただし、この基準は他の基準とあわせて用いられることが望ましい）。
※（ⅶ）～（ⅹ）は、自然遺産に関する基準のため、ここでは省略。

簡単に言えば、（ⅰ）傑作、（ⅱ）文化交流、（ⅲ）文化的伝統、（ⅳ）建築様式、（ⅴ）伝統的集落、（ⅵ）歴史的出来事（負の遺産を含む）や思想・宗教・芸術等という観点から、世界文化遺産は価値づけられます。

さらにその「登録基準」において、**顕著な普遍的価値**（Outstanding Universal Value 略称ＯＵＶ）、**真正性**（Authenticity）、**完全性**（Integrity）を満たしていることが求められます。

最初の〝顕著な普遍的価値〟については、「世界遺産条約履行の為の作業指針」（以下、作業指針）に「国家間の境界を超越し、人類全体にとって現代及び将来世代に共通した重要性をもつような、傑出した文化的な意義及び、または、自然的な価値を意味する」（第49項）とあります。要するに〝時代を超えて、文化や国家を超えて〟、人類全体にとって価値を認め合うことができるということです。

ただ価値観というものは、あらかじめ絶対的なものが存在するわけではありません。ユネスコはその活動の目的について、ユネスコ憲章の前文で、政治的及び経済的に築かれた平和ではなく、人の**心のうちに「平和のとりで」を築く**ことを目指すとしています。そのために文化の多様さを最大限に重んじながら、人間の尊厳・平等・相互の尊重という民主主義の原理を堅固にすることが必要だとしています。

具体的には「文化の広い普及と正義・自由・平和のための人類の教育とは、人間の尊厳に欠くことのできないものであり、且つすべての国民が相互の援助及び相互の関心の精神をもって果さなければならない神聖な義務である」と前文にあります。世界遺産活動は、もともと価値が定まったものを保護するだけではなく、心のうちに「平和のとりで」を構築するために行うある種の**運動**であり、**世界遺産一覧表**は普遍的価値を模索する活動の過程を示すものにすぎないということもできるでしょう。

統一された人類普遍の価値に収斂《しゅうれん》するのではなく、むしろグローバル化のなかで多様性をどのように認め合うことができるか、その土台づくりが求められています。

次に真正性については、「登録基準」にある要素を、その建築物や景観の本来の価値が継承されているかどうかが問題となります。一言でいえばホンモノでなくてはならないということですが、「ホンモノとは何か」という基準もその建造物や景観等によって異なります。前述の「作業指針」ではそれが一様でないことを前提としたうえで、形状・意匠、材料・材質、用途・機能、伝統・技能・管理体制、位置・セッティング、言語その他の無形遺産、精神・感性、その他という要素の表現のなかに真実と信用に価するものがあれば、真正性の条件を満たすとしています（第82項）。真正性も普遍的価値と同様、あらかじめ存在するものではなく、見い出して共有するものだと言えます。

3つ目の完全性は、建造物や景観等の特質のすべてが、包含されているかが問題となります。しかし、完全な姿が時を超えて継承されるということは、現実にはあり得ないことです。「作業指針」では、顕著な普遍的価値が発揮されるのに必要な要素がすべて含まれているか、当該資産の重要性を示す特徴を不足なく代表するために適切な規模が確保されているか、開発や管理放棄による負の影響をどの程度受けているかを通じて、完全性の〝度合い〟を測るとしています（第88項）。また、これを継承するための管理体制が担保されているかも極めて重要ですが、世界遺産を管理する主体はあくまでそれを保有する批准国なので、保護のための法整備や制度のあり方は国によって異なります。例えば日本では、遺跡や建造物等は文化財保護法によって指定した文化財として守り、自然保護は、自然公園法によって指定した国立公園等を守る体制となっています。こうした各国の国内法による管理が、世界遺産の登録物件を保護することに直結することが求められます。

前掲の3つの要素を満たしつつ、その国の国民や地域社会の意識や機運の高まりがあってはじめて候補となり、多くのプロセスを経て最終的に世界遺産委員会に諮《はか》られ、登録か否かが決議されます。そこでは「**登録（記載）**」、「**情報照会**」、「**記載延期**」、「**不記載決議**」の4つの区分があり、「登録（記載）」の決議を受けたものだけが世界遺産リストに記載されます。日本では2013年に、「古都鎌倉の寺院・神社ほか」が「不記載決議」となり、推薦取り下げとなった苦い経験を持っています（現在は「武家の古都・鎌倉」という名称で登録に向けた運動は継続中）。

日本の世界文化遺産

日本の世界遺産は2019年3月現在、18件が登録されています。

登録順に「法隆寺地域の仏教建造物」、「姫路城」、「白神山地」、「屋久島」、「古都京都の文化財」、「白川郷・五箇山の合掌造り集落」、「原爆ドーム」、「厳島神社」、「古都奈良の文化財」、「日光の社寺」、「琉球王国のグスク及び関連遺産群」、「紀伊山地の霊場と参詣道」、「石見銀山遺跡とその文化的景観」、「平泉―仏国土（浄土）を表す建築・庭園及び考古学的遺跡群―」、「富士山―信仰の対象と芸術の源泉」、「富岡製糸場と絹産業遺産群」、「明治日本の産業革命遺産　製鉄・製鋼、造船、石炭産業」、「ル・コルビュジエの建築作品―近代建築運動への顕著な貢献―」、「『神宿る島』宗像・沖ノ島と関連遺産群」、「長崎と天草地方の潜伏キリシタン関連遺産」がそれぞれ世界遺産一覧表に記載されています。

現在推薦中の文化遺産は、「百舌《も》鳥《ず》・古市古墳群」があり、推薦に向けた準備中の暫定リスト記載には「北海道・北東北を中心とした縄文遺跡群」、「金を中心とする佐渡鉱山の遺産群」、「飛鳥・藤原の宮都とその関連資産群」、「彦根城」、「平泉」（拡張）、「古都鎌倉の寺院・神社ほか」などがあり、各地域で機運を盛り上げるための運動が展開されています。

２０１７年4月に東北学院大学の大学生およそ２００人に、〝行ってみたい日本の世界文化遺産のアンケート〟をとってみました。結果は1位「厳島神社」、2位「原爆ドーム」、3位「明治日本の産業遺産」、4位「古都・京都の文化財」、5位は同数で「琉球王国のグスク及び関連遺産群」「白川郷・五箇山の合掌造り集落」「紀伊山地の霊場と参詣道」となりました。これに対し、〝1位になりそうな世界文化遺産はどれか〟と問うと「姫路城」が圧倒的な得票数となりました。

当然のことですが、このランキングは地域によって異なるものとなるでしょう。東北地方では「平泉─仏国土（浄土）を表す建築・庭園及び考古学的遺跡群─」が身近な存在であるためにランキングから外れ、これに対し関西地方からみれば中尊寺金色堂に対して憧憬を抱く人が多いでしょう。また、登録された年が最近のもののほど話題にのぼりやすくなるでしょう。

世界遺産は「人類普遍の価値」や「未来の世代に伝える遺産」といった、壮大な使命を担っているため、人々に憧憬の念を抱かせ続けます。また、観光や地域振興といった経済と不可分となっており、その魅力はわかりやすい文脈で語られがちです。ユネスコの世界遺産活動は、世界の諸文化の多様性を尊重しあうために、それぞれの文化の傑出したものを遺産として共有していこうとするものです。

しかし、多様さとは互いの価値観が大きく違うということであり、誰もが認めることができる価値観とは人権、自由、平等、あるいは道徳や美であるとか、そうした大きな言葉に頼らざるを得ません。

世界文化遺産をひとつひとつ見ていくと、世界遺産に登録されるうえでの**「価値基準」に基づく説明**は、だれもがわかりやすい大枠の部分だけが書かれていることに気づきます。そして、その遺産の定番の写真撮影スポットからの眺望や景観によって強くイメージづけられ、それは観光パンフレットをはじめとするさまざまな媒体で再生産されていきます。こうして多くの観光客は、わかりやすい説明と魅惑的なビジュアル・イメージのみで憧憬を膨らませ、現地に赴いてもそれを確認するだけの旅行に終始してしまう傾向があります。

2

人類普遍の価値からこだわりの旅へ

世界遺産「厳島神社」と聖域としての宮島

さて、具体的に日本の世界遺産に対する価値づけについてみていくために、大学生の行ってみたい日本の世界遺産ナンバー1であった「厳島神社」を例に挙げてみましょう。

実は、世界遺産として登録された区域は、宮島のすべてではありません。

登録区域は、社殿を中心とする厳島神社（神社としての正式表記は嚴島神社）と、前面の海および島の中央部にそびえる霊山である弥山《みせん》の原始林（天然記念物）を含む区域で、全島の約15％弱の範囲です。世界遺産に登録された建造物のうち、6棟が国宝、11棟・3基が重要文化財に指定されています。世界遺産に登録された区域に加え、その価値を保持するために必要な緩衝地帯であるバッファゾーンが設けられていますが、世界遺産「厳島神社」では島全体と対岸に位置する本土の一部がそれに該当しています。そのうえで、世界遺産「厳島神社」は、以下のように価値づけられています。

1　厳島神社は12世紀に時の権力者である平清盛の造営によって現在みられる壮麗な社殿群の基本が形成されました。この社殿群の構成は、平安時代の寝殿造りの様式を取り入れた優れた建築景観をなしています。また、海上に立地し、背景の山容と一体となった景観は他に比類がなく、平清盛の卓越した発想によるものであり、彼の業績を示す平安時代の代表的な資産のひとつです。

2　厳島神社の社殿群は、自然を崇拝して山などを御神体として祀り、遥拝所《ようはいじょ》をその麓に設置した日本における社殿建築の発展の一般的な形式の1つです。周囲の環境と一体となった建造物群の景観は、その後の日本人の美意識の一基準となった作品であり、日本に現存する社殿群の中でも唯一無二のもので、日本人の精神文化を理解する上で重要な資産となっています。

3　日本に現存する社殿建築の中でも造営当時の様式を

よく残し、度重なる再建にもかかわらず、平安時代創建当初の建造物の面影を現在に伝える希有な例です。また、平安時代の寝殿造の様式を山と海との境界を利用して実現させた点で個性的で、古い形態の社殿群を知る上で重要な見本です。

4　厳島神社は、日本の風土に根ざした宗教である神道の施設であり、仏教との混交と分離の歴史を示す文化資産として、日本の宗教的空間の特質を理解する上で重要な根拠となるものです。

つまり世界遺産「厳島神社」は、前述（18ページ）の「価値基準」においては、1は（ⅰ）傑作、2は（ⅱ）文化交流、3は（ⅳ）建築様式、4は（ⅵ）歴史的出来事や思想・宗教・芸術等のそれぞれの基準に結びつけて価値づけられています。

わたしにとっては、厳島神社は島全体が聖地である神体《しんたい》島《とう》となっていることがとても興味深く思います。

島そのものがご神体という場所は、同じく世界遺産となった「『神宿る島』宗像・沖ノ島と関連遺産群」の沖ノ島や、宮城県牡鹿半島沖にうかぶ金華山《きんかさん》などが知られています。ただ、沖ノ島は現在に至るまで観光客が足を踏み入れることはできないのに対し、宮島は島全体が〝神宿る島〟であったはずが、人が常住するようになって商業地となり、観光地化してついには遊郭までできたという歴史をもっており、聖域に人が住むという矛盾を有しています。

そのうえでわたしは、聖地がどのように盛り場化し人が集住するようになったか、その状況下でもどのようなかたちで島全体の聖域としての神聖性を保ってきたかに関心を寄せました。

宮島は周囲は約30キロ、島の最高峰の弥山から流れ出る御手洗川が海に流れ出る付近に厳島神社があり、それを挟むように西町と東町の集落が展開しています。西町はもともと社家町、東町は島に移住した商家がもとになって集落が形成されました。歴史的には神社の運営のために常住することで形成された社家町の方が古く、戦国時代に入ると瀬戸内海の交通・商業の一要衝として繁栄していきました。

当時、島内の秩序を司る神官は安定した大名権力の庇護を求めるようになりました。大名は一部の商人に特権を与え、島内での商業活動が活発化していき、1625（寛永

2）年には広島城下の材木町の遊郭が宮島に移され、新町が建設されました。近世期の宮島では、市の繁栄策が講じられ、人寄せのための芸能や富籤《とみくじ》などが次々と催され、厳島の案内記もいくつか刊行されていくなど、観光地的要素が強まっていきました。

このように、宮島は本来は聖域として人の居住するところではありませんでした。毛利元就が厳島合戦後、血で汚れた海岸の砂を取り除いて清めたという逸話は有名ですが、島全体を清浄に保とうとする思想がどのようなものであったか、歴史資料をもとに見てみましょう。

厳島神社の神事を行う棚守職《たなもりしょく》を代々務めた野坂家に伝わる「野坂文書」のうち1583（天正11）年の「毛利輝元《もうりてるもと》厳島中掟書條々寫《いつくしまちゅうおきてがきじょうじょうのうつし》」には、畑を開くことを禁じ、川をきれいに保ち、死人はすぐに島外へ出すようにと記していることは、島内を清浄に保つための禁制でした。島内での生活には、様々な制約が課されていたのです。

近世に編まれた多くの地誌類には、島内での出産に関わるタブーが記されています。1702（元禄15）年の「厳《いつく》島道芝記《しまみちしばのき》」巻七によると、産の忌みについて子どもは島内の自分の家で産むものの、産むとすぐに雨で海が荒れていたとしても船で本土へ移すのだと記される一方、神地なので流産することはないとも記されています。また安芸広島藩士の岡田清が編んだ1842（天保13）年の「厳島図会《ずえ》」巻之三によると、島内で妊婦が産気づくとすぐに本土へ送り、「もゝか」と呼ぶ百日目までは島へ戻れないとしています。

同書では、島内には「あせ山」（血山の意）と呼ばれる場所があり「茅屋数軒」が設けられて、女性の月経時などは、ここに籠るのだとも記されています。こうした意識は近代以降には廃れ、島内での出産は一般的になっていきました。

わたしが現地で聞いたところでは、いわゆる後産の処理について、古くは藁で包んだものを船で沖に出して海に流したというが、浜に捨てるものも多くなったため、衛生上の観点から本土側の赤碕《あかざき》にある焼却場で処分するようになったといいます。他地域では、後産の処理は墓地で行う例が多いのですが、宮島の島内には墓地がないために、こうした扱いが必要となったのでしょう。

その墓地に関連する死の忌《い》みについては、宮島独特の民俗がみられます。

わたしは1997年から98年にかけて宮島での民俗調査を行いましたが、ここではその折のデータをもとに、島全体を聖域視すると同時に、聖域に居住するという矛盾から生まれる民俗について紹介してみましょう。

宮島では死の穢《けが》れに触れることを避ける風習がありました。例えば、死者に触れたり葬儀を出したりしたあとは、島から本土側へ移って75日間を経てから島へ戻るといった、厳しい配慮です。島内に埋葬墓を設けることそのものが禁忌でした。

葬式は地域社会の互助組織であるキンジョによって営まれ、その手伝いには宗派に関わらず参加しなければならなかったといいます。そして僧侶は葬儀に参列せず戒名だけを渡すのだそうで、これは現実には亡くなった人を、儀礼の上ではまだ死んでいないことにして、対岸の本土側へ運び出してから葬儀を営むからとも解釈できます。

子どもが亡くなった場合は棺にも入れず、祖父母などが抱いて対岸までつれていったというエピソードもあります。

島内では汚水を捨てる場所がないため、死者の身体を清めるための湯灌《ゆかん》も行われず、3日以内には親戚の人々が遺体を島外に運び出すことになります。あたり前のことではありますが、死の穢れは物質として存在するわけではなく、意識のなかで共有されるものです。島内は聖地なので清浄に保たねばならない、しかし現実に島内で死者は出る。この矛盾を解消するために死者をあたかも〝仮死状態〟にしておくような独特な風習が生み出されたのであり、死の定義というものは実に複雑なものだと思い至ります。

とはいえ、死者を丁重にあの世へ送り出すための葬儀は、島外への出棺から始まっています。本土側までは、こぎ舟、もと舟、かん舟の3艘《そう》を仕立て、こぎ舟は7、8人乗りの屋形船、もと船には親戚一同が乗り、かん舟は棺を乗せた船で、船の前後を逆にして牽引したのだといいます。「海の葬列」です。そして本土側に到着すると、寺で法要を行い、墓地まで行列を組みます。そこでは、長男が位牌、次男が線香、三男が蛇体《じゃたい》と呼ばれる竜のかたちにした板に彩色をしたものをもって並び、墓地では蛇体を魔除けとして立てたといいます。

葬儀に参加した者は、島に戻る際に草履を浜に脱ぎ捨て船に乗り、はだしで家に帰ったといいます。死者が父母と極めて近親の者の場合は、75日間を本土側の赤碕で過ごし、22日を前述の「あせ山」で過ごしたといいます。

神体島としての宮島と御島廻り式

世界遺産「厳島神社」では宮島全島が**バッファーゾーン**となっています。前述のようにバッファーゾーンとは、その遺産が価値を保持するために必要な緩衝地帯のことです。前述のように沖ノ島や金華山と同様、宮島も中央にそびえる弥山に象徴される信仰対象としての島、すなわち神体島としての性格を持っています。弥山は山岳仏教の聖地としての性格を色濃く持ち、厳島神社は海にせり出して社殿を設置し、そこで聖地を遥拝すると同時に人々の祈願の場として、広く信仰を集めてきました。その神体島としての宮島をよく知ることができる機会が御島廻《おしままわ》り式です。

御島廻り式は、宮島を取り囲むように点在する末社等を、船で廻りながら巡拝するもので、正規には3月と9月の七浦《ななうら》神社祭りと、5月15日の御島廻り式の際に催行されます。前述の3つの祭り以外にも、参拝希望者は3月から9月までの間であればいつでも行うことができますが、その場合の御島廻り式はオココロミ（御試み）といって区別されています。私は1998年にオココロミの御島廻り式に参加しました。

宮島は海岸に面した七か所に小祠《しょうし》があり、「七浦七恵比須」として厳島神社の末社に位置付けられています（祭神は恵比須に限らない）。文政8年の「藝藩通史」には「…十一月の祭より、来歳二月の祭までは、山に入ることを禁じ、島巡をも許さず、おもふに、静にして神を鎮座せしむるの意なるべし、一年の祭事、殊に此二祭を重んず…」とあります。また、元禄15年の「厳島道芝記」の2月初申の記述に、「翌日より御島廻り初まる。山々の口も免して樵夫、山人出入りするなり。」とあり、山へ入ることと御島廻り式で海岸沿いに巡ることは、厳密に期間が定められていました。

御島廻り式はそれを受ける参拝者と、神事の一切を取りしきるオシ（御師）、篳篥《ひちりき》を奏するレイジン（伶人）が参加します。また案内役の禰宜《ねぎ》が、参拝者の船に同乗します。オシとレイジンは、補助の者とともにオシブネ（御師船）に乗り、参拝者とは別の船で神事に集中します。参拝者は、前日から精進潔斎《しょうじんけっさい》をしなければなりません。厳島神社の祭礼は、そのほとんどに僧が関与していますが、この御島廻り式は、神職のみで行われます。御島廻り式に関するすべての作法は、一切書かれたものが無く、オシからオシへ伝えられていくもので厳島神社の特殊神事なのです。

御島廻り式当日は午前8時に出航し、4時間以上をかけて神事を行いながら宮島を1周します。

最初の目的地である杉之浦では、浜に茅の輪を立ててこれをくぐり、杉之浦神社で神事を行います。次に包ヶ浦《つつみがうら》に向かいますが、その途中で杉之浦へ注ぐ川の水が海の水と混ざる地点で、レイジンが桶で海水を1杯汲みます。

レイジンは包ヶ浦に着くまでの間、船上でこの海水と米の粉でアサミケ（朝御食）と呼ぶシトギ（粢）団子を作ります。包ヶ浦神社は海にせり出した巨大な岩の上にあるので、神事は船上から行います。オシは祝詞《のりと》をあげたあと、海に塩を撒いて清め、先ほど作ったアサミケの団子2つと御幣《ごへい》を神社に向かって投げ入れました。つづいて鷹巣浦《たかのすうら》神社、腰少浦《こしぼそうら》神社、青海苔浦神社で同様に神事を行い、レイジンは船上で俵型のシトギ団子6個を作ります。

「厳島図会」巻之三の青海苔浦の頁には、「島巡の時この所にて、饗膳《きょうぜん》に青海苔を用ふる事古例なり。」とあり、ここではかつて、青海苔を用いた献立を食していたようです。

青海苔浦を出ると、レイジンは次の養父崎《ゆふざき》神社までのあいだ篳篥を奏す一方、オシはレイジンの作った団子をイチゴの葉に乗せてシトギとよぶ折敷《おしき》に乗せ、3本の御幣を立てます。シトギは90センチ四方ほどの板に、藁筵《わらむしろ》を巻いたもので、シトギ団子は中央の丸く木で囲いを作ったところに乗せられます。

出航から2時間が経過し、船は養父崎神社沖に達すると船上で神事が行われ、オトグイシキ（御鳥喰式）が始まります。オシはシトギを海に浮かべ、シトギから距離を置いて見守ります。シトギの団子はゴガラス（神烏）と呼ぶカラスに運んでもらうのですが、ゴガラスが団子を取りにくるまで、レイジンは篳篥をふき続けなければなりません。

カラスはとくに餌付けしているわけではないので、来てくれるかどうかはまさにカラス任せです。参拝者に穢れたものがいると来ないとも言われますが、わたしが参加した時は待つこと約40分でようやく最初のゴガラスが飛来し、シトギ団子を咥えて神社の奥の方に飛び去っていきました。

このあと約10分おきにゴガラスがシトギに降り立ち、シトギ団子を持っていきました。こうして神饌《しんせん》を神の使いのカラスが運んでいったことを確認し、次の山白浜《やましろはま》神社へ向かいます。山白浜神社沖では海上での神事、次の須屋浦では上陸して須屋浦神社で神事、そして御床浦《みとこ》神社に拝礼し、さらに進んだ内侍岩《ないしいわ》に向かってレイジンが御幣を投げ、網之浦《あみのうら》に着き、最後の大元神社へ参拝して、ようやく島を一周したことになります。

御島廻り式における御烏喰い式で、神の使いのカラスが供物を運ぶ

ここまでの行程はおよそ4時間、無事に御島廻り式が完了したことを厳島神社本社で報告する御祈祷を受け、参拝者は金幣《きんぺい》を拝してお神酒をいただくことで、すべての行事は終了となります。

文化をめぐるレッテルとのつきあい方

世界遺産に登録されるような傑出した建築や遺跡等は、その魅力を一般的なわかりやすい説明でいいつくせるものではなく、いろいろな側面を持っているものです。

切り口は興味を持った人の数だけあるというのが人文学の魅力ですから、私たちはもっと独自の観点で世界遺産を楽しめるはずです。

例に挙げた世界遺産「厳島神社」では、世界遺産としての価値は、寝殿造り様式を取り入れつつ海上に立地する平清盛が実現した建築の傑作であり、自然崇拝と建築美の織りなす美意識が、日本人の精神文化を体現している点で顕著な普遍的価値を有しており、さらに度重なる再建にも関わらず平安時代の創建当初の面影を伝えている真正性と、その遺産群によって日本の宗教的空間の特質を理解するための根拠となるという完全性を保持している点にあるといえます。

一方、そこを繰り返し訪れるうちに、わたし自身はその神体島という形式で守られてきた聖域としての空間と、人が集住して生活を営み、商業活動で生計を維持していくという都市的な性格を持った空間とが、違和感なく共存していることに興味を持ちました。そこに、人の生きる営みを見出すことができるからです。

　聖域の清浄さの保持と、人間の活動にともなってうまれる穢れの排除が、大きな矛盾として発生し、人々は作法や儀礼の運用によってそれらのバランスをとってきたことが、産穢《さんえ》・死穢《しえ》の民俗から垣間見られます。

　また、自然崇拝の対象となる島の中央部分をなす弥山への信仰や、島の輪郭をなぞるように船で7つの小祠などを巡礼する御島廻り式など、人々に神体島の持つ神秘的な力を、実感を持って理解させるための儀礼等が整えられていったこともわかりました。

　こうして私は、海上の鳥居越しに望む海にせり出す朱の拝殿の風景にとどまらない、厳島神社の多くの魅力に感動を覚えるようになっていきました。

　世界遺産の価値は、あくまで世界遺産に登録されるうえでの価値です。ある人にとってとるに足らないものでも別の人にはかけがえのないものであったりしますし、思想や宗教観、立場や属性など**さまざまな背景**によって価値は違ったものであり、価値とは本来そうした**多様性**を含んだものです。

　世界文化遺産を訪れる機会があれば、まずはその遺産がどのように価値づけられているかを知り、それを確認することはもちろんですが、現地にはそれにとどまらない「**何これ？**」や「**こういうのもあるんだ！**」や、「**私はコレが好き**」といった発見があるはずです。定番スポットで写真を撮って帰ってくる旅から、自分のこだわりをもとに見つけたネタで〝**答え**〟よりも〝**問い**〟を持ち帰ってくるような旅に転換できれば、文化をめぐるレッテルとの良いつきあい方と言えるでしょう。

▼この章をより深く知るための参考文献
西村幸夫・本中眞編『**世界文化遺産の思想**』東京大学出版会　2017年
藤木庸介編著『**生きている文化遺産と観光　―住民によるリビングヘリテージの継承―**』学芸出版社　2010年

第2章

文化変容のダイナミズム

仮設の伊里前福幸商店街（宮城県本吉郡南三陸町）での「わかめ祭り」

“ずらし”の視角

かたくなに守る伝統文化
⬇
いまを生きる文化

1
無形文化遺産が守りたいもの

ユネスコの無形文化遺産活動

ユネスコ（国際連合教育科学文化機関）の世界遺産活動は、政治権力のバランスや経済によって左右される平和ではなく、他者を認め合って心のうちに「平和のとりで」を築くことによる恒久平和を目指して、文化の多様性とその価値を後世に継承しようとするものです。

しかし、その登録物件の数は、明らかに欧米諸国の先進国に多く、発展途上国に少ないので、皮肉にも世界の政治経済のすがたを映した構図を呈しているという問題が指摘されてきました。

そうした状況を念頭に置きつつ展開されてきた活動が、**無形文化遺産の保護活動**です。

〝形あるもの〟とその価値を、できるだけ損なわずに保護するのが世界遺産活動であるのに対し、無形文化遺産の対象となるのは、人の身体のうちにあるものやコミュニティによって営まれるような、〝形のないもの〟とその価値です。ここでは、もうひとつの世界遺産ともいうべき無形文化遺産が、どのような点で世界遺産活動と共通し、また異なっているのかについてみてみましょう。

無形文化遺産（**Intangible Cultural Heritage**、略称ＩＣＨ）とは、ユネスコが定めた無形文化遺産保護条約（「無形文化遺産の保護に関する条約」）に基づき、そのリストに記載されたものをさします（「世界遺産」の表記にあわせた「世界無形文化遺産」はメディア用語であり正式には「世界」はつけない）。

条約によると、その目的は「人類の無形文化遺産の保護に対する普遍的な意思及び共通の関心を認識し、社会（特に原住民の社会）、集団及び場合により個人が無形文化遺産の創出、保護、維持及び再現に重要な役割を果たすことにより、文化の多様性及び人類の創造性を高めることに役立っていることを認識」するとされています。

この無形文化遺産保護条約を、日本は２００４年に締結しましたが、一定数の締結国が確保でき、実際に発効したのは２００６年で、発効されるまでのあいだ、登録するものの候補が**傑作宣言**（「人類の口承及び無形遺産の傑作の宣言」）として挙げられていきました（日本から挙げられたのは「能楽」「人形浄瑠璃文楽」「歌舞伎」）。

無形文化遺産は、具体的にどのようなものが対象となるのでしょうか。条約には、（a）口承による伝統及び表現（b）芸能（c）社会的慣習、儀式及び祭礼行事（d）自然及び万物に関する知識及び慣習（e）伝統工芸技術で、「人類の無形文化遺産の代表的な一覧表」（代表一覧表）に記載されたものをいうとあり、世界遺産における危機遺産のような「**緊急に保護する必要のある無形文化遺産の一覧表**」も作成されています。これだけを見ると、無形文化遺産は世界遺産の〝無形〟版のように見えますが、その登録の基準は顕著な**普遍的価値**（Outstanding Universal Value）、**完全性**（Integrity）の2つとなっており、世界遺産で重視された**真正性**（Authenticity）は問題とされていないところに注目すべきです。

世界遺産の説明で、わたしは顕著な普遍的価値について、〝時代を超えて、文化や国家を超えて〟、人類全体にとって価値を認め合うことができる価値であると説明しました。また完全性については、顕著な普遍的価値が発揮されるのに必要な要素がすべて含まれていることが重要であり、登録の2つの基準は相補的なものと言えます。

これに対して、世界遺産では極めて重視された真正性（いわば、ホンモノであること）が、無形文化遺産では基準に含まれていません。その理由は、文化はダイナミックに変化しながら時代の移り変わりに適応しながら継承されるという考え方に基づいているからであり、古い文化を凍結保存するような保護の仕方は、無形文化遺産の継承活動とは相容れないとされているのです。

無形文化遺産は、古い文化が世代を超えて受け継がれていくことをまずは認めたうえで、むしろその受け継がれ方を重要視します。現代社会のさまざまな人々の生活様式や価値観に、その文化が新たな存在意義をもって受け入れられ、それまでの時代とは異なったかたちに変化しながら活性化されていくことが期待されているのです。

無形文化遺産は、各国政府からのユネスコへの申請をうけて、評価機関による審査ののち、ユネスコの政府間委員会の決議によって、「**記載**」、「**情報照会**」、「**不記載決議**」の判断が下され、「記載」の判断によって世界遺産リストに記載されます。そして、世界遺産と同様に各国の文化の保護のための法や制度のもと、保護措置がはかられていきます。

日本の無形文化遺産

２０１７年12月現在、日本の無形文化遺産は21件あります。無形文化サイン保護条約が発効され、すでに傑作宣言に挙げられていた「能楽」「人形浄瑠璃文楽」「歌舞伎（伝統的な演技演出様式によって上演される歌舞伎）」は２００８年にそのまま登録されました。

これらは日本の文化財保護法では、無形文化財に位置づけられている芸能ですが、２００９年以降は民俗文化財に上記の顕著な普遍的価値と完全性を説明づけるかたちで次々と記載が進んでいきました。２００９年には「雅楽」、「小千谷縮」、「越後上布」、「石州半紙」、「日立風流物」、「京都祇園祭の山鉾行事」、「甑島のトシドン」、「奥能登のあえのこと」、「早池峰神楽」、「秋保の田植踊」、「チャッキラコ」、「大日堂舞楽」、「題目立」、「アイヌ古式舞踊」、２０１０年には「組踊」「結城紬」、２０１１年には「壬生の花田植」、「佐陀神能」、２０１２年には「那智の田楽」がそれぞれ登録されました。

これらは、ユネスコの政府間委員会で「記載」の決議を受けたために無形文化遺産となったわけですが、２０１１年には、「本美濃紙」「秩父祭の屋台行事と神楽」「高山祭の屋台行事」「男鹿のナマハゲ」が「情報照会」の評価を受けました。ここから日本政府の無形文化遺産の方向性が大きく変化します。それは、テーマを設定して全国的な視野で対象を選び、それらを関連づけるかたちでひとつの文化遺産とする「**拡張登録**」という手法です。

その最初の例が、２０１４年に記載された「和紙：日本の手漉和紙技術」で、これは、すでに２００９年に登録された「石州半紙」に、２０１１年に「情報照会」の評価となった「本美濃紙」と、国の重要無形文化財である「細川紙」を追加してひとつの無形文化遺産としたものです。同様に２０１６年には、「山・鉾・屋台行事」として、２００９年済みの「京都祇園祭の山鉾行事」「日立風流物」に、やはり２０１１年に「情報照会」の評価となった「秩父祭の屋台行事と神楽」「高山祭の屋台行事」と、全国の国の重要無形民俗文化財に指定された行事を追加して、合計31件を合わせて無形文化遺産としたものです。

２０１８年に、「拡張登録」の３例目として登録されたのが、「来訪神：仮面・仮装の神々」で、これは、２００９年に記載された「甑島のトシドン」に、２０１１年に「情報照会」の評価となった「男鹿のナマハゲ」と、全国の国の重要無形民俗文化財、例えば「能登のアマメハギ」山形県の「遊佐の小正月行事（アマハゲ）」、宮城県の「米川の水かぶり」、岩手県の「吉浜のスネカ」などを追加したものです。また、「伝統建築工匠の技：木造建造物を受け継ぐための伝統技術」は、屋根葺きや佐官、建具や畳製作等の選定保存技術をグルーピングして提案候補としています。

　これまで挙げた無形文化遺産は、日本の**文化財保護法**における無形文化財、無形民俗文化財をもとにしたものでした。**無形文化遺産**は、各国政府が国内法によって保護措置をすすめていくものなので、日本の場合、無形文化遺産を守るためには文化財保護法を使うのがもっとも説得力があります。

　一方で、文化財保護法では、**無形民俗文化財**の保護を、文化財として価値づけられたものを保持しつづけることができるように保持団体を支えることと、学術的な記録作成をすることを中心にしており、歴史的に継承されてきたすがたを重視しています。

　これに対し、ユネスコの無形文化遺産では、真正性を排除して現代的なありかたへの意味ある変化を重視しています。無形文化遺産が求める内容は、保護した文化財の活用では済まないレベルに踏み込んでいるものといえます。

　こうした国内の状況において、大きなインパクトをもたらしたのが、２０１３年に記載された「**和食：日本人の伝統的な食文化**」です。

　この申請においては、民俗学界や文化財関連の人々から驚きをもって受けとめられ、賛否両論が巻き起こりました。それは、和食が無形文化遺産になったとして、はたしてどのように保護すればいいのかのイメージを持てなかったからです。

　日本の文化財は、保護すべき対象を明確に設定して「指定」をし、それに対して保護措置を講じていくのがセオリーでした。しかし、日本人の日々の食事や行事食、ひとりひとりに身体化された食習慣や身体技法までをも含む「和食」は、どう保護したらいいのか見当もつきませんでした。

　また、家庭の食卓における和食離れや、外食産業による商品化、郷土食の衰退といった国内の状況や、海外での日本食ブームなど、「和食」をめぐる文化が揺動しているのが現代の和食の実情でした。しかし、無形文化遺産に目を転じてみると、２０１０年に「フランスの美食術」（フランス）「地中海料理」（スペイン・イタリア・ギリシア・モロッコ）「メキシコの伝統料理」（メキシコ）、２０１１年に「ケシケキの伝統」（トルコ）が登録されていました。「和食」が登録された２０１３年には、「トルココーヒーの文化と伝統」（トルコ）「キムジャン：キムチの製造と分配」（韓国）も登録され、**食文化**を対象とした無形文化遺産は今後も増えていくことが予想されます。

　例えば「地中海料理」は、子どもへの食育プログラムやレシピのコンテスト、食のイベントの実施、地中海料理に関する作曲コンテスト、地中海料理協会による地中海料理のミュージアムの創設、国際フォーラムやワークショップの開催などによって、**保護措置**としています。政府や食文化の活性化のための団体等が、国民に普及啓発していくという保護措置は、前述の日本の文化財の保護措置からみればかなり異質なものと感じられるでしょう。無形文化遺産に登録された「和食」は、伝統文化を現代文化に更新していくような、これまで日本にはなかった文化の守りかたの実践の舞台となっていくでしょう。

　前述のように、ユネスコの無形文化遺産は、古来伝えられてきた〝真正な〟文化を守り伝えようとするものではありません。

　無形文化遺産においては、端的にいえば、受け継がれてきた旧来の文化を保存することではなく、そうした歴史的に構築されてきた文化をいかに現代に引き受けられるかが問題とされています。

　文化の多様性や創造性を排除せず、同時に環境保護や生物多様性の維持、生産活動における人権の擁護、動物の福祉ほか、現代の普遍的価値との接合をはかるために、トップダウン・ボトムアップの双方からの実践的な取り組みが求められているのです。

セーフガーディング

　ユネスコの無形文化遺産の保護の概念は、プロテクションあるいはプリザーベーションの意味ではなく、それらも内包したセーフガーディングであると言われます。ユネスコ独特の概念である**セーフガーディング**とは、「無形文化遺産の存続可能性を確かにするための措置」であり、その方法は次のステップを踏んで実践されます。

認定・記録作成・研究・保存・保護・促進・拡張・伝承（特に正規の又は正規でない教育を通じたもの）・再活性化

これらは、無形文化遺産を固定化せず、生きた人間が生活のなかで表現していくための段階であり、「無形文化遺産を生きた遺産として保護すること、無形文化遺産の保護のために積極的に措置を施すという、2つの意味がこめられている」ものだと理解できます。

そのステップのうち、前半に並んでいる認定・記録作成・研究・保存・保護の5つは、日本の文化財保護の手法とよく似ていて馴染み深いものです。これに対し、後半に並んでいる促進・拡張・伝承・再活性化の4つは耳馴染みのうすいものでしょう。

これらはわかりやすく言えばプロモーションを重視するということで、普及啓発にとどまらず、より積極的な方策が想定されています。例えば、現代社会のニーズに適ったものに位置付けたり、新しいかたちを提案したり、地域社会のなかでこれまでになかった存在意義を見出したり、福祉や教育、国際交流といったものと結びつけたりと、その可能性は大きく広げられています。

地域の伝統的な食文化を広くさす言葉として**郷土食**があります。その言葉は、ある食材や調理法が、地域（あるいは郷土）のくらしのなかで守り伝えられてきたような印象を抱かせます。しかし、歴史をひもといてみれば、郷土食という言葉は、大正から昭和初期の国内観光ブームや、食糧対策や戦前から戦後にいたる生活改善運動の展開、戦後の国内観光ブームやディスカバージャパンに代表される地域文化の見直し、食のグローバル化の合わせ鏡としてのローカルな食の価値づけ、文化財や世界遺産、地域文化の観光資源化など、さまざまな契機で意味付けられながら、その一部のものが郷土食として定着してきたものです。

このように、食文化の継承とは、本来不変なものとして守り伝えるものではなく、その時代ごとに、促進・拡張・伝承・再活性化されてきたものと言えます。この変化し続けること、多様性を生み出し続けることが、文化を伝えることにつながるという営みを、ユネスコのセーフガーディングは文化継承の方法として取り入れているのです。

　このセーフガーディングが具体的に無形文化遺産でどのように表現されているか、ここでは「和食：日本人の伝統的な食文化」を例にとって見てみましょう。日本政府からユネスコに提出された「**無形文化遺産の代表的な一覧表への記載についての提案書**」（以下、「提案書」）では、「認知及び認識の確保並びに対話の奨励への貢献」という欄に以下のように記述がなされています。

> 　基本的な特徴を残しつつも、要素（「和食」のこと、筆者補）は日本人の味覚の変化によりコミュニティや集団により継続的に再構築されてきた。また、輸送技術や保存技術の進歩により他の地域の食文化や外国の食文化を取り入れ再構築されてきてもいる。このように、要素は技術や知識、工芸や場のしつらえなどの自然と融合した食文化に関連した包括的な文化的実践の中で継続的に創造性を拡張し続けている。このような創造性に満ちた要素の記載は、自然と調和した人類の創造性を知らしめるものであり、またこれに対する敬意を醸成するものとなるであろう。

　無形文化遺産の保護継承にとって重要なのは、社会変化に対応しながら発揮され続ける創造性です。その担い手について「提案書」では「家族」、「地域コミュニティ」、「草の根グループ」、「学校教師」、「料理のインストラクター」そして食具の製作から食文化を支える「工芸製作家」としています。そこに行政による認証等の施策や、学会等をはじめとする研究者のコミュニティによる支援が加わり、地域コミュニティの食文化への興味を喚起し、異なるコミュニティに属する人々同士や若い世代による対話を生み出すというシナリオが想定されています。

　日本の食文化や食習慣の促進・拡張・伝承・再活性化を促すためには、ローカルな郷土食をミクロな地域に不変で固有なものととらえず、その現代的展開を評価することが重要です。郷土食はさまざまな変化をともないながら、多様性を生み出しつつ定着していくもので、それが地域への愛着を育み、人々の生きる意味の発見につながれば、その食材の生産や食品のレシピも変えながら継承されていくでしょう。

2 伝統文化を現代文化としてとらえる

農林水産行政と食文化

こうした動きは、食文化を支える第1次産業の活性化策にも少なからず影響を与えています。例として、2011年の東日本大震災からの漁業の復興をとりあげてみたいと思います。

宮城県の三陸地域は、地震と津波の被害によって地域の生活や産業に甚大な被害を受け、農業や水産業などの第1次産業や、地域の資源をいかしたモノづくり、特産品や観光面では、地域格差をはらみながら復興にむけた努力が続けられています。

とりわけ地元住民や地元企業等からのボトムアップの動きとして特筆すべきなのが、食文化をめぐる動きです。復興商店街の名物づくりや企業や諸団体とタイアップした商品化を基本とした被災地の食の愉しみは、確実に観光客を動員しています。

具体的には、宮城県石巻市の東部に位置する牡鹿半島から、リアス式海岸の続く三陸の南部における水産資源の活性化をとりあげます。

牡鹿半島における食の復興は、北大西洋、イギリス・ノルウェー近海とともに〝世界三大漁場〟に数えられる「石巻・三陸金華山《きんかさん》沖」における豊かで高質な海産物に依存しています。黒潮（暖流の日本海流）と親潮（寒流の千島海流）がぶつかり合う世界屈指の好漁場で、日本の水産業における最重要度の漁港と位置付けられる特定第三種漁港（いわゆる特三《とくさん》）が、塩竈《しおがま》・石巻・気仙沼と3つも集中しています。

牡鹿半島の水産業は、仙台湾側に開けた表浜と、北側の女川や南三陸に面した裏浜、そして捕鯨基地として栄えた鮎川、遠洋漁業で財をなした離島など、それぞれ特色があります。このうち表浜は、石巻や塩竈、仙台へと海を介して開けており、海産物を出荷するイサバ（五十集）が発達し、ノリやカキの養殖も盛んに行われてきました。

一方裏浜は、女川や気仙沼に向いており、磯漁や気仙沼のカツオ一本釣り漁船に餌として供給するための漁業も営まれてきました。寒流と暖流の潮目には大謀網《だいぼうあみ》と呼ばれる数キロにもわたる超大型の定置網が掛けられるほか、水深27メートル以下の場所に営まれる小型定置網も各所にみられます。

また、岩場と砂地の境界にそってコヒキ（底曳網）を曳くナマコ漁、縄に何十もの餌入りのハモド（筌）を延縄のように吊り提げて漬けて引き上げるアナゴ漁（この地域ではオオアナゴをハモと呼ぶ）、潮の穏やかな入り組んだ湾で営まれるワカメ・カキの養殖、新潟県の佐渡から八戸経由で伝来した天秤式のイカ釣り漁、地先の磯根《いそね》で営む採集漁業など、多様な漁法が古くから営まれてきました。

また、火光利用敷網漁業《かこうりようしきあみぎょぎょう》は、コウナゴ漁のために水中に網を張り、その上に集魚灯をつけて魚群を集めて引き揚げるもので、ランプ網とも呼ばれました。この地域の定置網、磯根漁業、養殖業、近代捕鯨などは、どれもがハイリスク・ハイリターンの産業で、莫大な利益を上げる可能性を孕む生業でした。そして良質な海産物は、この地域の最大の魅力です。

水産業の震災復興においては、国の政策、とりわけ6次産業化と地産地消によって、水産物を使って都市住民と地域住民、あるいは消費者と生産者が結びつく仕組みや、加工・流通業までをふまえたかたちの漁業経営を作り上げることが重視されてきました。そうした過程で付加価値を持った金華さば・金華かつお・金華ぎん・桃浦《もものうら》かきといった食材が、被災地域のブランドとして促進されてきました。

＊サバ・カツオ

三陸金華山沖で秋から冬に、定置網、一本釣り、旋網《まきあみ》で漁獲される大型のマサバ。石巻漁港に水揚げされ、一定の基準を満たしたものは、宮城県石巻港「金華ものブランド化事業推進委員会」認証による「金華さば」のブランドで市場に流通しています。脂の乗りがよく、宮城県では〆《しめ》サバを炙って食する炙り〆サバが好まれています。

また、三陸金華山沖で初夏から秋にかけて、一本釣りおよび巻網で漁獲されるカツオのうち、石巻漁港に水揚げされて一定の基準を満たしたものを認証し、「金華かつお」のブランドで市場に流通しています。

＊ギンザケ

1980年代以降盛んにギンザケの海面養殖が行われて

きました。養殖技術は南三陸町志津川《しづがわ》が発祥とされ、石巻市雄勝《おがつ》地区、牡鹿半島の鮎川浜、女川町、南三陸町で養殖されるギンザケが全国の生産量の九割を占めます。生鮮出荷時期は春から夏にかけて。鮎川では牡鹿漁業協同組合（宮城県漁業協同組合から独立している漁協）が精力的に養殖しています。この地域では例えば女川産の養殖ギンザケを「金華ぎん」の名称で流通させるなどブランド化が進んでいます。地元では味噌漬けやちゃんちゃん焼きなどが好まれます。

＊カキ

県内生産量の3分の2を石巻周辺で占める。東日本大震災ではカキ棚のイカダが流失し、生産者は大打撃を受けたが、グループ化などによって補助金を受けながら復興の途にある。秋から冬が最盛期で、カキを豪快に鉄板で蒸し焼にするカキ小屋は復興ツーリズムでも人気を博している。石巻市桃浦は復興政策の水産業復興特区によって漁業権を付与された「桃浦かき生産者合同会社」によるブランド「桃浦かき」はよく知られている。水産業復興特区は、被災地の復興の推進のために地元漁業者が主体となりつつも外部の企業とともに復興を進めることができるよう「地元漁業者主体の法人」に対して県知事が直接漁業権免許を付与することを可能にしたもので、桃浦は２０１３年4月に復興庁により、日本初の水産業復興特区に認定されました。

これに対して、農林水産省や経済産業省、復興庁、政策金融公庫等のさまざまな**復興関連補助金**による支援が行われてきました。そのため、政府の農林水産行政の今後の方向性に基本的には沿ったかたちで復興が進められます。被災地の復興は、地震の直前を目標に復旧するのではなく、基本的に持続的発展が可能なモデルへと産業構造を作りかえることが意図されています。

ここで基本的な路線となるのが、いわゆる6次産業化・地産地消法（「地域資源を活用した農林漁業者等による新事業の創出等及び地域の農林水産物の利用促進に関する法律」、平成22年12月3日公布）です。

その基本は、①生産者と消費者との結びつきの強化、②地域の農林漁業及び関連事業の振興による地域の活性化、③消費者の豊かな食生活の実現、④食育との一体的な推進、⑤都市と農山漁村の共生・対流との一体的な推進、⑥食料自給率の向上への寄与、⑦環境への負荷の低減への寄与、⑧社会的気運の醸成及び地域における主体的な取組を促進することとされています。

こうしたものが、**名物**として全国に流通していき、三陸沿岸の特産品として受入れられていくとすれば、被災地域のブランド食材は政策的にコーディネートされたものともいえます。

このように、災害からの復興政策や農林水産業の振興政策と結びつきながら、地域の食材は**6次産業化**や**地産地消**、**ブランド化**といったかたちで、付加価値を高める方策が講じられながら、和食の食文化を支えています。その一方で、前述したように牡鹿半島には地先の磯根漁業、近海でのアナゴ筌漁、ナマコ底曳網漁、佐渡由来のイカ釣り漁、カツオ等の釣漁、大型・小型の定置網、ワカメ・カキ等の養殖業、集魚灯を用いたコオナゴ漁など、実に多様な漁法が存在し、そのほとんどが震災前まで連綿と営まれてきました。

震災の復興期が終了したあと、こうした6次産業化などに乗らない浜ごとの特色ある漁業がどのように営まれるか、そして食材がどのようなローカルな価値を獲得していくか、身の丈にあった食文化の継承を考えるとき、むしろそうしたものの再活性化が重要な課題であるように思えます。

こうしてみてみると、地域の農業や漁業、そしてそれを糧として育まれる食文化は、地域の伝統文化と深く結びつきながら、さまざまな現代の価値とも結びついていく現代文化であることに気づきます。

グッド・プラクティス

一方、牡鹿半島よりも北上した三陸沿岸部に位置する南三陸町では、水産業の復興と観光振興をより密接に結びつけたかたちの実践が展開されており、積極的な食文化の文化資源化の動きがみられます。食文化は復興商店街のイベントの中核に位置づけられ、季節ごとに魅力ある海産物等をアピールし、観光客を被災地へと誘っています。とくに生ワカメのような市場に出回らず季節を限って楽しむことができる食材は、体験型観光の資源として活用され、「わかめ祭り」は活況を呈しています。

南三陸町観光協会が力を入れて食のアピールをしている

プロジェクトが「キラキラ丼」というものです。

もともと南三陸ホテル観洋の女将さんが地域の飲食店に呼びかけて広がったもので、２０１４年のフード・アクション・ニッポン・アワードを受賞したことでも話題となりました。

キラキラ丼は、季節ごとに異なるテーマが設定されます。春季（3～4月）は「キラキラ春つげ丼」、夏季（5月～8月）は「キラキラうに丼」、秋期（9月～10月）は「キラキラ秋旨丼」、冬季（11月～2月）は「南三陸キラキラいくら丼」といった具合です。

旬の食材を楽しむ春のイベント「志津川わかめ祭り」

このテーマのもと、町内のおよそ10軒の寿司屋や飲食店は、毎年異なるレシピを考案します。また町内の洋菓子店も、その時期のテーマに応じたスイーツのキラキラ丼を販売し、プロジェクトを盛り立てます。

もともと海鮮丼を食べ比べるという発想は、観光客の側には乏しく、どこか美味しい一軒で食べたいというのがふつうですが、パンフレットに写真入りで一覧となったキラキラ丼は、実際に食べ比べる人がどのくらいいるかに関わらず、インパクトがあり三陸の幸を強く印象付けます。

また、店同士が連帯している印象を与えることは、復興観光の観光客には好印象となり全体として観光客を動員することに寄与していると思われます。

こうした、年間を通じて食を海産物をアピールする試みは、14・8メートルの津波で町そのものが壊滅した牡鹿郡女川町の復興商店街マリンパル女川おさかな市場でも試みられています。この復興商店街では、1月「たら祭り」、2月「あんこう祭り」、3月「かに祭り」、4月「小女子祭り」、5月「ほや祭り」、6月「銀鮭・かつお祭り」、7月「うに祭り」、8月「いか祭り」、9月「さんま祭り」、10月「ほたて祭り」、11月「かき祭り」、12月「年末市」と、毎月異なるテーマで食材を扱い、水産業の復興をアピールしています。

また、新鮮で高品質な海産物を市価より安く買えるだけでなく、会話を楽しんだり復興状況を見たりというのが復興観光のニーズに適っているように見えます。ただし、現実的には復興の遅れは顕著であり、第1次産業の復興のみならずその持続的発展は容易な課題ではありません。〝頑張っている人〟の〝成功している取り組み〟はメディアをはじめ外部からの高評価を受けやすいものですが、こうした取り組みもさまざまな葛藤を孕《はら》みながら営まれているという想像力が必要でしょう。

復興ツーリズムの新レシピは、三陸の海産物を地元で消費する方法としてのみならず、震災復興の観光客に対し、地域の魅力や復興状況を、味覚をとおして伝えるメディアとしての役割も持っています。また、プロジェクトに対する賛意によって統一性が保たれつつ、既存の食材にアレンジを加えて差異化を図る競い合いを生みだしています。

海産物を地元で消費してもらうことで地域のイメージ付けになると同時に、地域の食にかかわる人々がそれぞれのかたちで関与できるコミュニケーションをも生み出していく仕組みは、日本全国の農山漁村で応用することができます。

こうしたものを、ユネスコの無形文化遺産の活動では、**グッド・プラクティス**と呼びます。これは、文字通り〝良い実践例〟を探し出して評価し、その好例を広く普及することで良い実践の連鎖を生み出していこうという考え方です。

さらにグッド・プラクティスを、それぞれの無形文化遺産の保護活動に役立ててもらうだけでなく、無形文化遺産の活動全体にとって参考になるセーフガーディングを、特に**「良いセーフガーディング実践の登録」**として２００９年から登録が始まっています。これまでに、手工芸の技術継承のために設立された施設や、若者が音楽や芸能を学ぶ施設、リビング・ミュージアムと称する地域まるごと博物館的な実践など、17の実践が登録されています。

現代社会の構造的変化にともない、柔軟に変化して存続してきた郷土食も、その根底から継承困難な状況にあります。郷土食の継承を謳いながら、実際には商業的な文化の活用でしかなく、ステレオタイプな郷土食イメージ、田舎イメージを再生産しているに過ぎないような取り組みも拡散しているのが現状です。無形文化遺産としての「和食」

は、ユネスコの「緊急保護リスト」ではなく「代表リスト」への記載ですが、無形文化遺産は一度失われたら再現／再興が非常に難しいものであるので、より積極的な保護継承の手立てを考えなくてはならないでしょう。セーフガーディングにおける促進・拡張・伝承・再活性化の推進、そしてグッド・プラクティスに学ぶ文化継承の方法の洗練化が、いま求められているのではないでしょうか。

▼この章をより深く知るための参考文献

熊倉功夫・江原絢子『**和食とは何か（和食文化ブックレット1）**』思文閣出版　２０１５年

七海ゆみ子『**無形文化遺産とは何か　―ユネスコの無形文化遺産を新たな視点で解説する本―**』彩流社　２０１２年

第3章

歴史的出来事の“証人”

デジタルヘリテージ 2013 の会場となったヨーロッパ地中海博物館（フランス・マルセイユ）

“ずらし”の視角

書き留められた歴史

⬇

共有されていく歴史

1

世界の記憶が守りたいもの

可動文化財の保護

記録を残すという営為は、人間だけが行うことができるものです。知的な意図をもって作られた記録は、その当時は埋もれてしまうようなものであっても、後世から振り返ってみるとき、とてつもなく大きな意味を持ったり、かけがえのない意義を見出すことができたりするものです。ある出来事が人類の歴史における記憶として語り継がれるために、それを伝える**実物資料の保存**は重要な活動です。

こうした記録物を遺していこうとする、ユネスコ（国際連合教育科学文化機関）による活動が、**世界の記憶**です。

登録物件として有名なものには、アンネの日記やフランス人権宣言の文書、童話作家アンデルセンの原稿、ベートーベン直筆の交響曲第九番の楽譜などがあります。

日本では近年まで「**記憶遺産**」と呼ばれ、その語感の方がまだ一般の人々にもピンとくるかもしれません。しかし、もとの英語は「**Memory of the World**」なので、直訳の世界の記憶を用いるようになりました。

一般には、歴史年表に掲載されるようなホロコーストや災害などの歴史的な出来事そのものが、遺産として登録されると勘違いされることもあるようです。実際には、その出来事の実体を記録にとどめていたり、検証できたりする記録物が対象となります。記録遺産（**the documentary heritage**）という言葉も使われていることから、本当の意味での直訳は「世界の記録」となるかもしれません。

日本では、世界遺産や無形文化遺産に比べ、世界の記憶は馴染みが薄いもののようです。ユネスコが設定している目的は「最適な技術によって世界の記録遺産の保存を促進する」、「記録遺産への普遍的アクセスを支援する」、「記録遺産の存在や重要性について世界的な認識を高める」の3つです。

とくに2つ目の**普遍的なアクセス**については、具体的には記録物のデジタル化を促進し、そのコピーとカタログを、法令等やプライバシー、私的財産権の保護に配慮しながら、インターネット上で利用できるようにしたり、書籍やCD、DVD、その他の製品の出版と配布したりして推進することが含まれています。また、次節で述べるようにそのための技術研究やツール開発等も奨励されています。

世界文化遺産が遺跡や建造物などの不動産の遺物を対象とし、無形文化遺産が芸能など人間の身体的な表現によって文化的に継承してきたものを対象とするのに対し、世界の記憶が対象とするのは歴史的な文書や記録、写真などの記録物です。これを**可動文化財**と呼びますが、これは要するに動産の遺物を指します。

「可動文化財の保護のための勧告」（1978年採択）の定義にしたがえば、ポスターや写真のほかさまざまな材料を用いた美術として重要なもの、肉筆および初期の活版印刷による古書・写本・書籍・文書・出版物、原文記録や地図、製図等を含む文書・写真・映画フィルム・録音物および機械を使って解読できる記録、といったものです。

歴史資料という観点からみれば、その対象はまずもって1次資料、すなわちその事件や事象がおこった同時代に作成されたものであることが重要です。歴史研究ではふつう2次資料と呼ぶ写真や映像等の記録物も、同時代に作成されたものという意味では真正性があるとみなすことができます。

いずれにしても世界遺産と同様に**真正性**、すなわちホンモノであることが非常に重要です。それゆえ代替不可能性、すなわちその記録物は他のものに代替不可能であり、その記録物を失ってしまうと人類の歴史における喪失とみなされます。また、当然のことながら意図的な改ざんや毀損がなく、その歴史的な出来事を伝えるに十分な要素を保存していることが必要で、これを**完全性**といいます。

また、人類の歴史全体を視野に入れるわけですから、その題材やテーマも自然科学、社会科学、政治、イデオロギー、スポーツ、美術等、多岐に渡ります。そして、それを保存していくことに対する脅威について十分に考慮し、その保存と公開などのアクセス提供についての管理計画が問われます。こうした要素が十分であるか審議され、世界の記憶に登録されるのです。

日本の世界の記憶

現在（2018年3月）、世界の記憶の日本からの登録物件は7件です。登録順に「山本作兵衛炭坑記録画・記録文書」、「御堂関白記」、「慶長遣欧使節関係資料」、「舞鶴への生還：1945―1956シベリア抑留等日本人の本国への引き揚げの記録」、「東寺百合文書」、「上野三碑《こうずけさんぴ》」、「朝鮮通信使」で、これらは国際登録というカテゴリでの登録となっています。

「慶長遣欧使節関係資料」は、伊達政宗が現在のメキシコとの通商と、ローマからの宣教師招聘《しょうへい》を目的として、支倉常長らをヨーロッパに派遣した経緯を伝える資料で、スペインと日本の**トランスバウンダリー**、つまり国境を越えた複数国による共同申請によって登録されたものです。

国内の資料は文化財保護法における国宝に指定されており、それだけで価値を認められているものですが、スペイン国内に所蔵されている資料も加えて、洋の東西を超えた文化交流や困難な旅の克服など、よりグローバルな観点からの評価が加えられたのです。

最近登録されたものとして、古代石碑群の「上野三碑」があります。これは飛鳥から奈良時代前期に建てられた「山上碑《やまのうえひ》」「多胡碑《たごひ》」「金井沢碑《かないざわひ》」の総称で、朝鮮半島からの渡来人との交流から生まれたものとされています。東アジアの文化交流と仏教の広がりを示す資料で、ヨーロッパでも関心の高い漢字文化に関わる遺産ともみることができます。

また、日本と韓国から共同申請で登録になった「朝鮮通信使」は、朝鮮国王が日本に派遣した外交使節団で、諸外国との接触が限定されていた江戸時代の日本における貴重な文化交流の機会でもあった点が評価されています。

ここで2つの枠組みについて整理しておきましょう。1つは申請主体について、もう1つは国際登録と地域登録というカテゴリについてです。世界の記憶は、国際条約に基づいた活動ではないため、その**申請者**が必ずしも国の政府でなくても申請できます。

例えば2017年度に登録された「上野三碑」の申請者は、上野三碑世界記憶遺産登録推進協議会、同年に申請され登録が見送られた、「杉原リスト：一九四〇年、杉原千《すぎはらち》畝《うね》が避難民救済のため人道主義・博愛精神に基づき大量発給した日本通過ビザ発給の記録」の申請者は八百津町《やおっちょう》（岐阜県）となっています。ただし、1つの国からの申請数は、1年につき2件と制限があり、国内での選定作業を経て申請の運びとなります。

２つ目の**国際登録**と**地域登録**というカテゴリについては、それぞれ審査を担う組織が異なるために設けられているものです。

前者の国際登録はユネスコ本部が主導し、国際諮問委員会の勧告に基づきユネスコ事務局長が決定するもので、後者の地域登録はユネスコ地域事務局（アジア太平洋、アフリカ、ラテンアメリカ・カリブ諸国の３つの区域）が主導し、それぞれの地域委員会で決定するものです。

アジア太平洋地域の地域登録は、１９９８年に創設され、日本では「水平社と衡平社国境を越えた被差別民衆連帯の記録」が登録されています。これは、１９２２年に結成され部落解放運動の原点となった「全国水平社」と、日本による植民地支配下にあった朝鮮半島で設立された社会運動団体「衡平社」との交流を示す資料で、日本と韓国のそれぞれの記録物が登録となったことに意義を見出せます。

ちなみに、ユネスコ憲章が定める国内協力団体として各国政府が設置するユネスコ国内委員会が選定する**国内登録**というものもあり、日本では日本ユネスコ国内委員会が記憶遺産担当窓口を設けていますが、今のところ国内登録はありません。

世界の記憶とポリティクス

ところで、ユネスコによる世界の記憶の登録の手引きには、この事業をはじめるきっかけが旧ユーゴスラビア内戦において**サラエヴォ図書館が破壊**されたことにあると書かれています。事件は１９９２年に起こりました。前年のユーゴスラビア解体にともなって起こったボスニア・ヘルツェゴビナ紛争のさなか、セルビア人武装勢力が故意にサラエヴォ図書館を攻撃し、多くの貴重書を含む２００万点近い図書資料が失われました。これはのちに『**記憶殺し**』とも称される、いわゆる文化浄化の典型例とも言われるようになりました。

ある１つの歴史的な記録物は、紛争当事者や立場の差異によって、保存すべきものとなったり否定すべきものとして毀損されたりするものであることを、この事件は示しています。

サラエヴォ図書館は、建築家らによって復元され、

２０１４年に国立図書館として開館したことは日本でも報じられましたが、この地域の人々の歴史を示す実物の文書や図書が、戻ることはありません。

一方、ユネスコによる世界の記憶の活動をめぐって、ある記録物を登録しようとすることが異なる立場の間で正反対の評価を浮き彫りにしたり、それを登録することが紛争に対して火に油を注ぐ事態になってしまったりする事象は、世界の記憶の活動開始以降も頻繁に起こっています。

最近の例では、２０１５年に「南京事件」に関する資料が登録されました。同じ年にはいわゆる「従軍慰安婦」に関する資料が申請され、こちらは登録が見送られました。日本政府は「ユネスコの事業が政治利用されている」として反発し、ユネスコへの拠出金のあり方を見直すべきとの意見も出るなど、政治的・外交的な駆け引きの舞台と化していきました。

ユネスコがイニシアティヴ（主唱する）をとる３つの活動、世界遺産・無形文化遺産・世界の記憶に、経済的な論理や各国の利害が介在したり、歴史観の隔たりが露呈したりするとき、それが激しい外交的論争の場となってしまうことがあります。こうしたポリティクスを超えた視点から、歴史や文化の価値とその多様性の保持を達成しようとすることは、とても困難な試みなのです。これを現代の文化をめぐる諸問題について考えるきっかけとして、みずからの問題に引きつけて考えていくことが、わたしは大切だと考えます。

記録遺産の保護と活用

『記録遺産保護のための一般指針』（２００２年改定版、レイ・エドモンドソン作成、以下『一般指針』）には、世界の記憶における保存の考え方について触れています。ここでは、**保存**とは、「記録遺産の永続的なアクセス性を永遠に確保するために必要な各ステップの総体」としています。すなわち、保全のための措置を行い、原資料の劣化の進行を防ぐために必要な最低限の技術介入の目的は、「永続的なアクセス」の確保であるとしています。

まず、**文書・コレクション管理**には、安全に管理し取り出せるように個々の媒体の性質や状態を分類表示し文書に記録しておく「日常メンテナンス」が重要です。そして保全のための措置を取る場合は、その過程を文書に記録することが重要としています。歴史資料一般に言えることですが、資料の素材は多様であり、それぞれに応じた保存環境の整備と保存措置が必要です。

記録物の寿命を最大化するためには、温度、湿度、光、大気汚染物質、動物や昆虫、物理的安全性といった保存環境へ配慮しなければなりません。『一般指針』には、「予防に勝る治療なし」という〝古い格言〟をのせています。優れた保管状況や取扱・収納手順、十分な安全性、および輸送中の注意を守ることが、何にも勝る保存のための対策と位置づけています。

また、世界の記憶では、普遍的アクセスを提供する手段として、デジタル化を強く奨励しており、アクセス用のコピーは、原資料にかかる負担を軽減するため、保存の助けとなるとしています。このデジタル化を推進する際に、いつも課題となるのはテクノロジーの発達にともなう、記録媒体の更新です。

現在は最新の技術でも、わずか20年後には記録そのものを読み出す機械がもうないといったことは、身近なところでも起こってきています。『一般指針』では、「万物に適した方法なし」として、紙に書かれた文字を読むような人間が目視で読める記録物に対し、デジタル・データは、機械にしか読めないので、国際規格に則ったもので記録するだけでなく、技術の変化のスピードに立ち遅れることがないよう求めています。

加えて、日本の博物館等でも虫干しなどの習慣や掛け軸の表装技術などの伝統的知識が活かされています。現代的な手法は、素材がもつ性質や物質の劣化過程についての科学的な知識に基づいて開発された「西洋」の技術に立つものですが、コレクションを維持するために、『一般指針』でも、そうした「西洋」の技術と諸文化において培われてきた伝統技術の両方を動員することが不可欠としています。

こうしてあらゆる手を尽くして記録物の現物を保存したうえで、それに対する「永続的なアクセス」を可能とするのが保存の最終目標と位置付けられています。『一般指針』では、「世界人権宣言」（１９４８年）と「市民的及び政治的権利に関する国際規約」（１９６６年）をひきながら、「誰もがアイデンティティに対する権利を有し、よって自分達の記録遺産にアクセスする権利を有する。これには、その存在およびどこで見ることができるかを知る権利も含まれる」と述べています。

歴史資料はなぜ保存されなければならないのか、またそれがなぜデジタル技術を活用して広く利用に供されなければならないのかということは、あまりに根本的な問いです。誰もがみずからの拠って立つ文化や歴史についてアクセスできなければならないとする、世界の記憶の活動の大前提から、わたしたちは改めてその重要性を認識させられます。世界の記憶が守りたいものは、記録遺産へアクセスする権利そのものといえるかもしれません。

2 記録遺産のデジタル化とデジタル記録の保存

デジタル・ヘリテージ？

デジタル・ヘリテージとは耳慣れない言葉でしょう。しかしこの言葉は、今後のさまざまな文化遺産保護および普及啓発活動において重要な役割を担っていくもののようです。

デジタル・ヘリテージについて述べる前に、少し具体的なエピソードを紹介しましょう。

わたしは国立民族学博物館の在外日本資料調査の一環で、フィンランドの国立古美術委員会所蔵資料の調査に従事しました。首都ヘルシンキから遠く離れた森のなかにある巨大な収蔵庫に寝泊まりしながら、国立博物館が所蔵する日本関連の歴史・民俗資料のすべてを熟覧するというハードな調査でした。

最終日にわたしは一緒に仕事をしてきたコンサベーター―（資料の保存管理担当者）に、国内にはほかにも日本関連資料はどのくらい所蔵されているかと軽い気持ちで尋ねました。すると彼女は少し時間をくれと言って事務室に戻り、30分後に戻ってきて筆者に資料を手渡しました。

それは何とフィンランド国内の主要な博物館に所蔵されている日本関連資料の一覧表でした。公立およびそれに準じた博物館はある程度統一したフォーマットで所蔵品台帳を公開し、それを博物館協会にあたる**MUSEOVIRASTO**が運営するポータルサイト「**Museot Online**」を通じてクロス検索できるのだそうです。もちろん公開されている資料は、整理を終えた一部の資料ですし、このサイトに情報を提供していない博物館も多いのですが、主要なコレクションはこれで全体像が把握できるのです。

ＭＬＡつまり博物館（**Museums**）・図書館（**Libraries**）・文書館（**Archives**）が、運営主体を超えて**クロス検索**できる機能を確立しようとする動きは、日本の博物館や文書館ではなかなか聞かれません。

想像してみてください。図書館で利用に供されているＯＰＡＣのようなかたちで、美術館・博物館の資料や作品が横断的に検索でき、さらにその高精細画像を自由にダウンロードし、著作権など一定のルールのもとで利用できる状況が生まれたらどういう可能性がひらけるでしょうか。

２０１３年10月28日～11月1日、フランスのマルセイユで「デジタル・ヘリテージ２０１３」と題した大規模な国際会議が開催されました。２年に1度、ＥＵ圏内の担当国で開催されるこのイベントに、わたしはポスター発表者のひとりとしてこれに参加し、各国の研究者や政府関係者、博物館関係者、企業の研究員等と研究交流することができました。そこで議論されていたことや、研究として重視されていたいくつかの分野の動向から、わたしは今後の文化遺産の研究や活用が新たな段階に移行しつつあることを実感しました。それについて具体的に述べていきたいと思います。

デジタル・ヘリテージの目指すもの

デジタル・ヘリテージという言葉とその考え方は、すでにユネスコが２０１２年に公表しています。ユネスコのウェブサイトには「デジタル・ヘリテージのコンセプト」

について「デジタル・ヘリテージは、将来の世代のために維持されるべき価値を持続させるための、コンピュータ技術を基盤とした素材から構成され、それらは異なるコミュニティ、諸産業、諸機関および地域から生み出される」と記されています。そしてデジタル・ヘリテージは、文化遺産においては、文化的・歴史的・美学的・考古学的・科学的・民族学的・人類学的な価値をもつ遺跡や遺物などの遺産や無形文化遺産のすべてにわたって存在し、文化遺産に関わる学問と、それらの学際的な研究交流によって形成される、すべてのコンピュータベースの素材がそれにあたります。それらをどう残すのかを考えるのはもちろんのことですが、何よりその活用に重点が置かれているのが特徴です。

「デジタル・ヘリテージ２０１３」は、ユネスコ、欧州委員会、フランス文化・通信省、プロヴァンス＝アルプ＝コート・ダジュール地域圏、ブーシュ・デュ・ローヌ県議会、マルセイユ市の後援によって、２０１３年６月に開館したヨーロッパ・地中海文明博物館を含む旧埠頭の文化施設群を会場に開催されました。マルセイユは、２０１３年の欧州文化首都（相互の文化振興を目的に加盟国が持ち回りで選定）であり、この国際会議はその関連行事として位置づけられていました。会場ではデジタル・ヘリテージ・エキスポと題したデジタル技術のプレゼンテーションを中心とした展覧会が開催され、この部分は一般開放されました。

この国際会議は、あらゆる形式の遺産、つまりユネスコの「世界の文化遺産および自然遺産の保護に関する条約」（世界遺産条約）が対象とする世界遺産（文化・自然・複合）に加え、無形文化遺産や文化的景観、世界の記憶などの諸遺産全般を対象としています。

そして、それらに関連するデジタル技術の基礎研究や応用研究について、以下の６つの研究カテゴリが設定されました。

それは「デジタル化」、「ヴァーチャル化と相互作用」、「分析と相互作用」、「政策と標準」、「保存」、「理論・方法とその活用」です。

この６つのカテゴリには、それぞれシンポジウム、研究発表、パネル報告、ワークショップ、実演、ポスター発表など、研究発表数は合計３５０本を超えました。

この会議のコンセプトは、冒頭のオープニングセレモニーでかなり明確に示されました。とりわけあいさつの檀上に立ったユネスコのジャニス・カークリンス氏の趣旨説明は、議論の今後の展開を方向付けるものでした。カークリンス氏によると、世界遺産は、従来の世界遺産条約に基づく世界遺産（文化・自然・複合遺産）の保護と、無形文化遺産の継承とさらなる充実に加え、これからは**「デジタル」な遺産**の保存と活用が極めて重要になり、ユネスコはこれを重視していくというのです。

文化遺産の大きなカテゴリである「有形」と「無形」に、いずれ「デジタル」が加わるというのです。

デジタル・ヘリテージは、文化遺産の革新的な利活用を促し、そして遺跡や史跡を中心とした文化遺産だけでなく、「世界の記憶」に登録される文書の形態をとった遺産、加えて調査研究によってなされる多くの記録類にも含まれる、人類共有の財産である人間の知恵を保存し、活用していくことが目標とされるとカークリンス氏は話しました。

そして、こうした過程で生み出されるデジタル・ヘリテージは、既存の遺産に対してもこれから価値が認められていく遺産に対しても、大きなインパクトを人々に与えるものとなり、とりわけ教育的側面においてその効果は発揮される可能性があるというのです。

つまり、デジタル技術を用いた文化遺産の保存によって生み出されるコンテンツは、文字表現に比べて格段に**視覚効果**を持っており、それは言語や文化的・宗教的背景の障壁を超えて、人類の遺産の**価値共有**のための**教育普及**に役立つのだというのが、カーリンス氏の強調するところです。

デジタル・ヘリテージの発展は、次の3つの構成要素の相乗効果を必要とします。「記録とアーカイヴ」「保存と管理」「ストーリーと共有」です。

最初の「**記録とアーカイヴ**（capture & archive）」は、考古学、地理学、地学等、土地を対象にした諸分野がこれまで蓄積してきたデジタルな調査技術の分野と、博物館や文書館などコレクションから価値を生みだそうとする諸機関で長年蓄積されてきたデジタルなアーカイヴ技術の分野です。

第2の「**保存と管理**（preserve & sustain）」は、実際の遺跡や史跡等を保存整備において蓄積されてきたデジタル技術を用いた過去の復元作業や記録作業の分野です。

第3の「**ストーリーと共有**（tell stories & share）」は、遺産の活用や教育普及面で活用されるデジタル技術を用いたさまざまなツールやソフト、現地で展開されるワークショップやプレゼンテーションなど、博物館学や教育工学の実践の分野です。デジタル・ヘリテージは、分野を超えたコミュニケーションによって新たな見方や研究方法を確立し、そこからを一般市民と共有するさまざまな活動へと移行させる意図があると思われます。

オープンデータ戦略

こうしたデジタル・ヘリテージの活況は、欧州委員会のハビエル・エルナンデス＝ロス氏が、この国際会議の冒頭あいさつで「今後この研究分野には多くの資金がさまざまなかたちで投入される見込みであり、それがヨーロッパの経済再生の重要な要素となるであろうから、野心的な研究をどんどんやってほしい」といったことを述べたことに端的にあらわれています。

これについて考えるとき、近年のヨーロッパの文化資源をめぐる状況の変化、とくにオープンデータに注目する必要があります。

ヨーロッパにおける**オープンデータ戦略**とは、２０１１年に欧州委員会が発表した、ＥＵ加盟国の公共部門が管理・保有する情報を再利用することによって新たな産業や需要を生み出そうとする経済活性化策です（欧州委員会ウェブサイト「Digital Agenda for Europe」内のオープンデータについての情報提供サイトを参照）。

具体的には２００３年の「**公共セクターにおける情報の再利用についての指令**（ＰＳＩ指令）」によって、各国政府や自治体が保有する様々な情報を、対価を求めず広く公開することを義務付けるものです。

各国はそれを実体化するために基盤整備を進めてきましたが、２０１３年にこのＰＳＩ指令の大幅な改正を欧州連合が採択したことで、大きな転換点を迎えています。

すなわち、この改正ではそれまで進められてきた統計類や地図情報、都市計画、雇用、環境などの情報の公開に加え、博物館や図書館に代表される文化施設の所有する情報にも拡大され、コレクション情報はもちろん、所蔵する歴史資料や美術作品の画像や来歴情報、研究情報など、あらゆるデータが著作権等の権利関係に配慮したかたちで、利潤を求めず公開すべきものとなったのです。

単純にいえば、公立美術館は、税金を投入して運営している以上、所有する絵画の画像や管理データを自身のウェブサイトやポータルサイト等を使って公開する努力をしなければならないというのです。企業は公開されたデータをもとに、新たなハードやソフトはもちろん、データを集約して活用できるような新たなプラットホームの開発によって、これまで存在しなかった業界や市場を開拓していけるようになったのです。

すでに博物館・美術館の保有する絵画や書籍、フィルム、考古遺物、歴史史料といったコレクションの画像データ等は、「**PublicData.eu**」や、「**Europeana**」といったポータルサイトによって、商業目的も含めて自由に利活用することができるところまできています。

こうした**文化資源データ**は、その活用時に知的財産や個人情報、人権、環境保護といった課題に直面することとなるのは言うまでもありません。また、天気や交通といったデータの無条件の公開は、安全保障上の問題や既存の民間産業の阻害などをもたらす懸念もあります。しかし、その論点は行政のオープン化や、政府の透明性の確保、市民の社会参画といったものを促進することが、経済的な効果を生み出すというところに重きが置かれています

従来こうした問題は、美術館・博物館の入場料無償化（図書館と同様の公共サービスの提供）などの問題として扱われることはありました。

しかし、インターネットが極度に発展し、人・モノ・情報が瞬時にグローバルに移動し多様に利用される現代にあっては、データも広くアクセス可能なものとすべきという考え方が浸透してきました。

いずれにしてもヨーロッパにおいては、公共のＭＬＡに所有されているあらゆるデータがオープン化することが強い圧力をもって求められており、収蔵品の画像や遺跡の復元３Ｄ画像情報、展覧会の出展作品と展示パネル内容などが、日本にいながら利用することができるという、夢のような時代が現実のものとなってきているのです。

「**Europeana**」に公開された２０００万点を超える、有名な画家の絵画、写真、考古遺物、古い映画、民族誌映像などを探索するだけでも楽しいもので、こうしたコンテンツを素材として企画されたインターネット上での仮想展覧会も多数掲載されています。

日本の博物館の情報環境においては、デジタル・ヘリテー

ジは何とも足元のおぼつかない絵空事か新しいエンターテイメントの開発ぐらいにしか思えないかもしれません。

しかし、ヨーロッパの文化資源データの急速なオープン化を促すオープンデータ戦略においては、情報の研究面での活用・応用はいうに及ばず、基盤整備や情報の編集・操作のための工学的研究、膨大な情報を使った新たな活用の実験、ビジネスのみならず学校教育や生涯学習、特にMLAの教育普及方法の研究などの分野を高度化する必要があることがわかります。

今後の日本のMLAの諸活動や、文化財行政、文化遺産等を活用した教育や地域づくり、観光において、デジタル・ヘリテージの果たす役割も大きくなっていくものと思われます。今後は、研究者にはそれを使って新たな学際的研究を生み出していけるような研究の態度と、それを現実の社会にどう結び付けていくことで、人と情報をつないだり、人と人をつないだりすることができるかといった問題意識が問われます。

また一般の人々も、ビジネスに結びつくような活用だけでなく、こうしたコンテンツを活用して、まちづくりや文化創造活動に結びつけていくような市民活動が求められてくるでしょう。

▼この章をより深く知るための参考文献

古田陽久・古田真美『**世界の記憶遺産60**』幻冬舎 2015年

岡本真・柳与志夫編『**デジタル・アーカイブとは何か—理論と実践—**』勉誠出版 2015年

ファン・ゴイティソーロ（山道佳子：訳）『**サラエヴォ・ノート**』みすず書房 1994年

第4章

持続可能な社会の実現

二風谷（北海道沙流郡平取町）のアイヌ式先祖祭り

“ずらし”の視角

かれらが継承する文化

⬇

自分と向き合うための文化

1

文化的多様性に関する世界宣言

文化的多様性の守りたいもの

グローバリゼーションが進展した現代にあって、環境保全、人権擁護、平和構築、持続可能な開発などの課題における文化の役割が、これまで以上に重要視されるようになってきています。そのなかで**文化的多様性**が、重要なキーワードとなってきていますが、生物多様性という言葉に比べると、日本人にはまだまだピンとこないというのが実情です。

文化的多様性の重要性を明確に謳ったものが、２００１年11月のユネスコ総会において採択された「**文化的多様性に関する世界宣言**」(**Universal Declaration on Cultural Diversity**) です。これは、前文と12条の本文から構成されており、第1から3条は「**アイデンティティ、多様性及び多元主義**」、第4から6条は「**文化的多様性と人権**」、第7から9条は「**文化的多様性と創造性**」、第10から12条は「**文化的多様性と国際的連帯**」となっています。

第1条では「生物的多様性が自然にとって必要であるのと同様に、文化的多様性は、交流、革新、創造の源として、人類に必要なものである」とし、第2条においても「地球上の社会がますます多様性を増している今日、多元的であり多様で活力に満ちた文化的アイデンティティを個々に持つ民族や集団同士が、互いに共生しようという意志を持つとともに、調和の取れた形で相互に影響を与え合う環境を確保することは、必要不可欠である」として文化的多様性の重要性をのべています。

第4条では、「文化的多様性の保護とは、特に少数民族・先住民族の権利などの人権と、基本的自由を守る義務があることを意味している」と具体的に述べ、第5条では基本的人権に基づいて「すべての人が各自で選択する言語、特に母国語によって自己を表現し、自己の作品を創造し・普及させることができ、すべての人がそれぞれの文化的アイデンティティを十分に尊重した質の高い教育と訓練を受ける権利を持ち、すべての人が各自で選択する文化的生活に参加し、各自の文化的慣習に従って行動することができなくてはならない」としています。そして、第10条で「文化産業を育成することを目的とする国際的な協力と連帯を強化することが必要」としたうえで、第11条では、「市場原理だけでは持続性ある人間開発を実施するために欠くことが出来ない文化的多様性の保持・促進を保障することができない」として、公的セクター、民間セクター、市民社会のあいだのパートナーシップ構築とそれに則《のっと》った公共政策が重要であるとしています（引用は文部科学省の仮訳による）。

これを基本として、文化、とりわけ文化的多様性が環境・経済・社会とならぶ持続可能な開発における基本的な条件であると明確に位置付けたのは、２００２年に南アフリカで開催されたヨハネスブルグ・サミットで採択された「**持続可能な開発に関するヨハネスブルグ宣言**」（以下、ヨハネスブルグ宣言）だとされています。

この会議は、１９９２年の国連環境開発会議（通称：地球サミット）で採択された「**アジェンダ21**」からの10年を検証するものでした。

「アジェンダ21」は、急速に深刻化している地球温暖化や熱帯雨林の破壊、生物多様性の喪失などのグローバルな環境問題の早急な対策を示したうえで、「持続可能な開発」の概念を共有するものでした。前述の「ヨハネスブルグ宣言」においては、それを具体的に進めるうえで「我々の集合的な力である豊かな多様性が、変革のための建設的なパートナーシップのために、また、持続可能な開発の共通の目標の達成のために用いられることを確保する」（外務省の仮訳による）ことが不可欠と位置付けられました。

２００４年には、スペインのバルセロナで第１回世界文化フォーラムが開催され、その関連事業である「第４回ポルトアレグレ・社会的包摂に関する地方自治体フォーラム」と題する会議で「**文化のためのアジェンダ21**」が承認されました。これは、人権、文化的多様性、持続可能性、参加型民主主義、社会的包摂などを、世界の各都市や地方自治体の行政の基本理念にすることを求めたものです。また、２００３年に採択され、２００６年に発効した**無形文化遺産**は、無形の伝統的な文化遺産を対象に登録をすすめ、世界の文化的多様性の一覧表を作り出そうとする活動と位置付けられます。

地球サミットから20年にあたる２０１２年６月、国連による持続可能な開発会議（通称：**リオ＋20**）が再びブラジルのリオデジャネイロで開催され、「**我々の求める未来**」が採択されました。ここでは貧困撲滅への道筋として、環境保全と経済成長の両立を目指す「**グリーン経済**」への移行が目標とされ、その前提として持続可能な開発における文化の役割について改めて確認されています。

持続可能な開発という経済的な枠組みにおいて、文化、とくに文化的多様性が重視されるのには、いくつかの理由があります。1つは、人間が多様な環境や状況に適応しつつ発展を遂げた背景には、多様な文化を形成しながら柔軟に存続してきたということにあります。この人間の持つ創造性を確保し続けるために、文化の均質化を促すグローバリゼーションの時代において、文化的多様性が重視されるというわけです。

もう1つは、テロリズムや民族紛争など、冷戦終結後の国際社会のなかで、**文化間の対話**が平和構築に欠かせないものと考えられるようになったことです。とりわけ、先住民や少数民族、移民や外国人などの**少数者の文化**に対しておもんばかる気持ちを醸成することや、少数者が社会に十全に参加できているという実感をもてるような社会づくりにおいて、多文化共生社会の実現が目標とされてきました。これこそが、文化的多様性が守りたいものといえます。

多くの日本人にとって文化の多様性という言葉は、すこし縁遠いものと感じられるでしょう。それ自体が、マイノリティの存在を不可視なものとして、社会のマジョリティの居心地良さを下支えしていることに、わたしたちは自覚的であるべきです。日本には、多くの在日外国人や先住民文化を担う人々、さまざまな差別的なまなざしを向けられている人々がいるにもかかわらず、どこか他人事のようにしてやり過ごすことに慣れています。

文化の多様性は、外国に旅行に行ってカルチャーショックを受けるといった程度の、旅行気分なものにとどまっていると言えないでしょうか。わたしたちは、文化的多様性について考えていくためのきっかけとして、まずは日本国内に存在する文化的多様性から学ぶことができます。

情報が氾濫する現代は、わかりやすい文脈や多数派の見方が再生産され肥大化しながら社会に拡散していく傾向があります。そういう時代だからこそ、異文化に対するステレオタイプな見方や当たりまえだと思ってきたことを、自分の目で見て考えることで相対化し、文化とは実践を通じて不断に作り出されていくものなのだという実感を持つ経験が必要なのです。

2　アイヌの文化継承

異文化表象の落とし穴

近年、北日本を含む北方の地域で生活を営んできた**アイヌ民族**に対する興味関心が、若者のなかで広がっています。

きっかけの1つは、たいへん話題になった野口サトルのマンガ作品『ゴールデンカムイ』（集英社、2015年〜）です。「不死身の杉元」、日露戦争での鬼神の如き武功からそう謳われた兵士は、ある目的の為に大金を欲し、かつてゴールドラッシュに沸いた北海道へ足を踏み入れる——そこにはアイヌが隠した莫大な埋蔵金への手掛かりが!? 内容的には、かなり残忍なシーンも多いこの作品の最大の魅力は、開拓期の北海道の雄大で厳しい自然と、そこで繰り広げられる男たちの生存競争、そしてアイヌの少女アシリパの自然を活用するための知恵の数々にあります。開拓期の北海道は、多くの作家のインスピレーションを刺激してきました。安彦良和の『王道の狗』（講談社、1998〜2000年）も、この時代を舞台とした作品で、明治22年の秋、2人の若い自由党員が脱走するところから物語は始まります。アイヌの猟師ニシテに救われ、湧別の農場で匿われることになった加納周助と風間一太郎。しかしニシテが恋人を守ろうとして、和人を殺してしまい逮捕されてしまう。和人のアイヌに対する横暴の前に己れの無力さを感じた加納は、正しいと信じる道、すなわち王道を歩く力を得たいと、放浪の天才武術家、武田惣角に弟子入りを頼み込む——。ワクワクするような時代活劇です。

こうした時代を舞台とした作品の構図そのものをつくりだした古典的な作品が、手塚治虫の『シュマリ』（小学館、1974〜1976年）です。大自然の脅威、文明の傲慢さ、時代を生き抜く人々の波乱万丈。激動の北海道開拓時代に、度重なる苦難を乗り越え生きた、反骨の人生を描いた大作です。

ところで、こうしたマンガには、アイヌの人々と和人が対比的に描かれてきました。和人たちのイメージを言葉にすれば、開拓・フロンティア、死、新選組の生き残り伝承、無政府状態のなかの秩序、アジール性、近代化、汚職・買収、戦争、漂泊・バガボンド性といったところでしょうか。一方のアイヌの人々は、自然、生と知恵、コミュニティ、伝統、それゆえの強靱さ、それゆえの無知と弱さ、純朴さ・素朴さといったものです。そして和人のしたたかさが冒険心を掻き立てると同時に、自然と共生する生き方への憧憬がアイヌの生きかたに仮託されています。

手塚治虫は、『シュマリ』を先鋭的な文明批判をもって描き出しました。それ自体は重要なメッセージなのですが、一方でそこで設定された上記の二分法的な**単純化された構図**は、パターンを変えながら受け継がれ、開拓期の北海道という独特の舞台が整えられていったとみることができるでしょう。ここに、異文化表象の落とし穴を見て取ることができます。

マンガではありませんが、アイヌ文化研究者で文化継承活動家、そしてアイヌ民族初の国会議員としても活躍した萱野《かやの》茂《しげる》は、「**アイヌ絵本**」と称する多くの作品も残しました。前述のマンガが、アイヌでない人の手によって描かれたのに対し、萱野はアイヌ自身の手によるアイヌ文化研究を踏まえた、親子で読める絵本を作成したのです。アイヌ自身による、アイヌ文化表象の最高の実践例です。超人的な力を持ったオキクルミの神々との対峙を描いたような物語から、アイヌの素朴な暮らしを紹介するものまで、幅広いテーマを扱い、現在でも読み継がれているこうした作品は、一方でアイヌ文化の紹介や普及という枠のなかでの芸術性の追求にとどまっているとも言えます。

海外に目を転じてみると、日本のマンガやヨーロッパのバンド・デシネの形式をとった、先住民文化継承の**当事者による自己表象**の優れた表現がみられます。バンド・デシネは、近代ヨーロッパで発達した絵画的なマンガ表現で、ルーヴル美術館はこれを9番目の芸術形式と位置づけて、コレクション形成をしています。

例えば、デンマーク領のグリーンランドでは、エスキモーの文化を描き出したマンガが注目され、デンマーク国立博物館で展覧会が開催されるなど、反響を呼びました。

北米では、カナダの北西海岸インディアンの1つハイダ族の作家マイケル・ニコル・ヤーグラナースが、トーテムポールの世界観と造形を応用したハイダ・マンガを創出し、作品を出版しています。ハイダ・マンガは、先住民のビジュアル表現の伝統の1つである彫刻と、マンガのグラフィック的なダイナミズムとを融合させました。

　多民族国家カナダにあって、こうした新たなメディアは、先住民文化への参加や対話、ファースト・ネーションズに対するまなざしの見直し、異文化コミュニケーションへの行動のきっかけを、魅力的で遊び心あるかたちで提示していきます。こうした作品によって、先住民文化に関心を持った人々は、イベントやフェスティバル、展覧会や舞台、コンサートなど、さまざまなかたちで先住民文化に親しんでいきます。

オキクルミの伝承が残る岩肌と森

　日本では、先住民文化への誘いとなる出版物や記録が、文化財的な記録や人権教育、普及啓発などの枠組みを超えることができていないと、わたしはいつも感じています。そのため、メディアを通じて先住民文化にふれる機会が、実際の文化継承活動の現場への関与に結びついていかず、どこか違う国のおとぎ話のようにしか、とらえることができずにいるのではないかと考えます。先住民文化に人よりも深く関心を持っていると自負する人でも、地域に出向いて行って、そこで何が起こっているか見てみようという行動に結びつかないのです。

アイヌ文化継承の最前線としての二風谷

　わたしは、毎年大学生を連れて北海道沙流《さる》郡平取《びらとり》町二風《にぶ》谷《たに》のアイヌの祭りに出かけます。これは第一義的には、東北・北海道の文化の研究のための**フィールドワークの訓練**として実施しているものですが、大学生たちには**世界を多様なものとして見るまなざし**を身につけてもらう、良い機会となっています。

　大学生たちは、アイヌ文化とそれを取り巻く現代の動向についてのライブラリーワークを半年間にわたってチームで行い、映像記録や音源などさまざまな媒体の記録にもふれながら、調査に向けて問題意識を高めていきます。そして夏休みに4泊5日ほどの短い滞在ですが、二風谷で行われるチㇷ゚サンケという祭りの現地調査を実施し、聞書きなども行います。

大学院生は現地調査において、調査地での立ち居振る舞いや、祭りの映像記録、聞書き、写真撮影などの方法を習得します。

そこから問いを見出し、地域社会の理解へと向き合うことで、民俗調査の醍醐味に触れてもらうのがこの調査の主眼とするところです。

このフィールドワークで、もっとも重視しているのは、本や新聞等でさんざん調べたことが、現地ではすこし違った面をもっている、あるいは記録されることと人々が意図していることにはズレがある、といったことに気づいていくプロセスです。

調べたものを確認するような旅は、あらかじめ見るべきものと感動すべきものが商品として織り込まれたパック旅行ツアーと同じです。フィールドワークは、課題解決の場ではなく、その１つ前の問題発見の場であるべきです。視角をずらせるかどうかが鍵となります。

多くの大学生がキャンパス内のでの受け身の授業とアルバイトに終始し、文化の実践の場にふれる経験をしないまま卒業していきます。文化の有りようを見出す愉しみを身をもって理解したうえで、社会で活躍してもらいたいものです。

チプサンケの最後はチプ(丸木舟)で川を下る

二風谷は、アイヌ文化を色濃く残す地域として広く知られています。その二風谷で、アイヌ文化継承の拠点となっているのが、復元されたチセ（家屋）が建ち並ぶコタン（集落）です。ここは現在、アイヌ工芸の講習会、アイヌ語やアイヌ古式舞踊などの学習や披露の場として活用されています。

さらに、コタンの周辺には町立二風谷アイヌ文化博物館や、二風谷工芸館（平取町アイヌ文化情報センター）、考古分野の博物館である沙流川歴史館があり、二風谷のアイヌ文化継承、および観光の拠点ともなっています。この場所では、地元の人が多く働き、二風谷を訪れた人と地元の人との交流の場ともなっていて、ここでの出会いをきっかけにチプサンケや前夜祭へ参加する人も多くいます。

二風谷のアイヌ文化継承活動において、萱野茂の存在は欠かせません。萱野は、１９２６年に二風谷に生まれ、アイヌ語を自在に話す祖母のもとで育ち、アイヌ語と日本語を母語として身につけました。萱野はその後、アイヌ語の記録やアイヌの民具を収集する活動をはじめ、1千点以上のアイヌの民具を保存・公開する萱野茂二風谷アイヌ博物館を設立しアイヌ文化の保存・継承活動を行いました。萱野は国会議員としての活動のなかで、２００８年、**旧土人保護法**を廃してアイヌ民族を日本の先住民として位置づける「**アイヌ文化の振興並びにアイヌの伝統等に関する知識の普及及び啓発に関する法律**」（通称：アイヌ文化振興法）の成立へと導きました。萱野の活動やその思い出は、二風谷の語り部やアイヌの伝統工芸品を作る職人からも聞かれ、その意志は今日のアイヌ文化を継承する人々へと受け継がれています。

文化財という面から見てみると、平取町内にはさまざまなカテゴリにおける保護が行われています。町立二風谷アイヌ文化博物館と萱野茂二風谷アイヌ資料館の所蔵資料の一部は、「北海道二風谷および周辺地域のアイヌ生活用具コレクション」として国の**重要有形民俗文化財**に指定されています。また二風谷で継承されている舞踊も国の**重要無形民俗文化財**「アイヌ古式舞踊」の1つとして指定されています。国の**重要文化財（建造物）**としては「北海道大学文学部二風谷研究室（旧マンロー邸）」が保存されています。

またこの地域の複数の市町村にまたがる山々は、「ピリカノカ」、すなわちアイヌのユカラに謡われた伝承の舞台や、カムイへの祈りの場であるチノミシリの伝承地、アイヌ語地名が形成する独特な自然の風致景観の景勝地群と位置付けられ、平取町域も「十勝幌尻岳」と「オキクルミのチャシ及びムイノカ」が国の名勝に指定されています。加えて、アイヌコタンと開拓農場の名残などを一体のものとするかたちで国の**重要文化的景観**に「アイヌの伝統と近代の開拓による沙流川流域の文化的景観」が選定されています。また、国の**伝統的工芸品**（経済産業省）として「二風谷イタ」と「アットゥシ織」が指定され、技術継承が行われています。

一方、二風谷はユネスコが認定する「**消滅の危機にある言語の分布図**」のうち高い危険度ランクに位置づけられている**アイヌ語**の継承活動の拠点の1つでもあります。

ユネスコの危機言語・方言の分布図は、危険度の低い方から順に「脆弱・危険・重大な危険・極めて深刻・絶滅」という5段階の危機度表示を指標にしています。日本の国土においては、「極めて深刻」としてアイヌ語が、**八重山語**（八重山方言）と**与那国語**（与那国方言）が「重大な危険」に認定されています。

ちなみに、東日本大震災の被災地においても、「**東日本大震災からの復興の基本方針**」（平成23年7月策定）において「『地域のたから』である文化財や歴史資料の修理・修復を進めるとともに、伝統行事や方言の再興等を支援する」という文言が盛り込まれたのを受けて、後述する文化財レスキュー活動のほかに、被災地における方言、いわゆる東北弁の現状に対する調査研究も行われました。現代は、**言語**が文化継承におけるひとつの核となる活動となっていますが、アイヌ文化継承と文化における災害復興が、思わぬかたちで結びつく契機となっています。

二風谷では、萱野茂が始めた**アイヌ語講座**が定着し、大人向けの講座と子ども向けの講座が行われています。子供向けの講座は、身近な言葉や歌でアイヌ語に親しむ内容が中心です。現行の学習指導要領における外国語活動のかたちに似た、いわば「アイヌ語活動」です。そうした経験を通じて、いつの日か大人向けの講座にも参加するようになって、いずれは本格的な口承文芸を語ることにも挑戦していってほしいと、わたしは感じました。

平取町では、イオル再生事業という、アイヌ文化の伝承活動の場を形成するための整備が進められています。イオルとは、アイヌ語で直接的には狩場、意味としては生活と生産にまたがる活動の領域をさす言葉です。イオル再生事業では、アイヌ文化継承に必要な自然素材を山や沢、湿地などの環境での育成とその管理運営を、とくに織物で必要なオヒョウ、ニレ等の植樹、栽培を実施しています。また、チセなどを活用して子どもたちや住民、学習者等を対象としてアイヌ文化体験や、アイヌ文化に関する知識や技術の伝承者育成なども盛り込まれています。イオルの森、コタン、水辺空間の一体的な再生を目指すことで、アイヌの生活の世界観をかたちとして復元し、アイヌ文化振興の基盤とする事業です。奥地にそびえ立つ山の中には、「オキクルミカムイという神様が怒って熊を岩に変えた」という伝説がある「ウカエロシキ（熊の姿岩）」と呼ばれる3頭の熊の岩もあります。また、チャシや、アイヌコタンを守るオキクルミが住んでいた所とされる神聖な山もあります。岩の独特なかたちから、臼や杵、鎌などの農具に見立てられる場所は、オキクルミの置き土産と考えられています。

　こうしたアイヌにとっての意味深い空間や景観を保護すると同時に、アイヌの人生儀礼や年中行事に用いられる重要な植物を移植した植物園の構想などによって、集落から生産域、儀礼空間や異界を含む、生活の空間を再構築しようとするのが二風谷のイオル再生事業です。

　イオル再生事業は、財団法人アイヌ文化振興・研究推進機構の主導のもと、各自治体において主体的に進められており、平取地域のほか、白老地域、札幌地域、新ひだか地域、十勝地域などで実施されています。

　このように、二風谷は文化財保護、伝統工芸の継承、アイヌ文化振興、ダム建設や開発と文化の折り合い、多文化共生といった、あらゆる面において最前線の現場であり、現代の文化をめぐる状況の縮図のような場所です。

　文化継承は、教育、福祉、観光のみならず、文化行政が地域開発や経済と深く結びついています。また、**社会的な差別や偏見**、近代の学術研究の負の遺産でもある**遺骨返還問題**に代表される非対称なまなざしなどの日本社会の根源にかかわる問題をはらんでいます。しかし、そうした問題を当事者だけの問題として、多くの人びとが、アイヌ文化継承をめぐる問題を〝わたくしという存在〟にかかわる問題として引き受けるための想像力が持てなくなっている現状を、わたしは深刻に受けとめています。それは、持続可能な社会の前提となる文化的多様性の問題に通じています。

思索の場としてのチプサンケ

　チプサンケは、毎年8月に開催される二風谷でもっとも集客力のあるイベントです。もともと萱野茂がさまざまな資料をもとに創造的に復活したもので、内容的には丸木舟《まるきぶね》に魂を入れるための儀礼です。

１９７２年から40年以上も続くこの祭りは、すっかり伝統行事として定着している感があります。地元のアイヌ文化協会とその青年部、婦人会、芸能の保持団体などが営むアイヌ文化振興の行事ながら、夏の川遊びを盛り込んだ楽しいイベントとなっています。

祭りの前日、平取アイヌ協会青年部が主体となりアイヌ式結婚式「ウトムヌカラ」が開催されます。儀礼の再現ではなく、実際の夫婦となる若い男女が行う儀礼は、いつも和やかな雰囲気のなか行われます。行われるのはイコロ（宝物）を送る儀式と飯食いの儀式、火の神への結婚の報告という内容です。

もともと、アイヌの娘は、好きな男性ができると、テクンペ（手甲）を贈り、贈られた男性は好きな女性からの贈り物であればそれを身につけ、そうでなければ身につけないというかたちで愛情の確認をしました。テクンペが受け入れられると、丹念な刺繍を施した脚絆《きゃはん》や鉢巻、着物なども送られます。男性は木彫りの装飾を鞘《さや》に施したメノコマキリ（小刀）を贈ります。女性がマキリを身につけていれば、受け入れられたという証です。こうしたやり取りを、現代の結婚式の指輪交換のように儀礼にしたものがイコロの交換です。

次に行う飯食いの儀では、花嫁が飯を盛り、それを２人が半分ずつ食べます。三々九度を彷彿とさせるものですが、花嫁が大盛りに飯を盛って花婿の決意を試して花婿が必死に飯を掻き込むといった場面もあり、居合わせた人々は厳粛な雰囲気のなか、クスクスと笑いをこらえる一幕もみられます。

イコロ交換、飯食いのあと、祭主が祈りの儀礼であるカムイノミを行います。

ここではアイヌにとって一番身近な神である火の神（アペフチカムイ）に、畏まって祈りを捧げ、参列者全員でトゥキパスイと呼ばれる器と箸を用いた礼拝の所作をおこないます。

こうして、新しい夫婦がうまれたことを神に報告するのです。そのあとは、盆踊り大会、そして夜通し行われる交流会となります。力くらべの腕相撲大会や踊りなど、この祭りに集う多くの人々との酒を酌み交わしながらの交流は、深夜までおよびます。

チプサンケ当日は、萱野茂アイヌ文化資料館の夫婦石前での開会式、チセでのチプサンケ、沙流川《さるがわ》での舟下り、チセでの先祖祭りという内容です。

チセ（家屋）では、カムイノミが行われます。火の神・舟おろしの神・家を守る神に祈りを捧げたあと、北側の窓から外のヌササン（祭壇）へと供物をひとつひとつ作法に則って運び、献ずるのです。

　チㇷ゚サンケのメインイベントは沙流川での川下りです。アイヌ文化を継承しつつ、都市化の進む現代社会で、少しでも自然に親しみ、舟遊びを楽しんでもらいたいという萱野茂の想いにより始まったものですが、地域の若者が乗船技術を習得・披露する意味合いもあります。参加者はチプ（丸木舟）に乗れる貴重な機会として、年によっては乗れない人がでるほど毎年賑わいを見せています。乗船者はライフジャケットとヘルメットを着用するのですが、なかには転覆させられるチプもあるため、ハラハラ、ドキドキしながらの川下りです。

　川下りで盛り上がっているあいだ、チセでは粛々と先祖供養の儀式が行われます。シンヌラッパと呼ぶこの儀式は、日本のお盆が近いから行うのではなく、大きな行事のたびに先祖に供物を捧げて共食するならいなのだそうです。ヌササンへ祈りの言葉と共に捧げる供物（キビ餅や菓子など）は、本祭当日の早朝から二風谷生活館で地域の婦人会の方々が手作りするものです。供物のなかには、昔からアイヌが食してきた食材もあるそうで、食文化の継承の場になっていることがうかがわれます。先祖への供物は、かならず手でちぎったり、ぐちゃぐちゃとつぶしたりして捧げます。そうしてあの世に届くのだといいます。そうして献じたものの残りは、チセに持ち帰り、居合わせた人々全員に振る舞われます。こうして先祖との交歓を楽しみながら、チㇷ゚サンケの1日は終わります。

　当日は、儀礼の合間に、地域の語り部やユカㇻなどの口承文芸の披露も開催されます。ユカㇻ（英雄叙事詩）やウエペケレ（散文形式の物語）、ヤイサマネナ（即興歌）など、それぞれが得意なものを演目として、マイクを通して語られるもので、本で読むだけではわからないアイヌ語のリズムにふれる数少ない機会となっています。

　また、わたし自身はこうした口承文芸や歌だけでなく、日本語で語られる二風谷の昔の想い出ばなしの語りに、いつも興味深く聞き入ってしまいます。

　昔を語ること＝アイヌの生活を語ることではない、等身大のくらしのエピソードは、二風谷の**生活史の実像**です。わたしはもちろんアイヌ文化、とくにアイヌの民具と伝統技術に大きな関心を持っていますが、民俗学者としてこうしたふつうのくらしのエピソードに興味をそそられるのです。

二風谷はアイヌ工芸の生産地としても知られています。2013年3月、「二風谷イタ」と「二風谷アットゥシ」は、アイヌ工芸としては初めて経済産業省の**伝統的工芸品**に指定されました。「二風谷イタ」は、木製の盆で、渦巻きを模したモレウノカやウロコを模したラムラムノカといった装飾を施す特徴があります。「二風谷アットゥシ」は、オヒョウ等の樹皮の内皮の繊維を用いた反物です。

チプサンケなどのアイヌ文化継承活動には、儀礼で用いるアイヌの民具の製作が不可欠です。神の依代である種々のイナウ（木幣）や祭壇であるヌサなどの儀礼の度に新調する必要のあるものや、トゥキ（酒杯）やイクパスイ（捧酒箸）、身に着けるエムシ（儀刀）やサパウンペ（幣冠）、空間を飾るチタラペ（花茣蓙）などの儀礼に用いる道具は、すべて二風谷在住の工芸家の手で製作されています。現在のアイヌ工芸は、文化継承としての意義が大きく、かつての観光土産物のような多産多売ではなくなっています。二風谷ではとくに伝統に忠実であろうとする真摯なモノづくりが営まれており、イオル再生事業の一環でのモノづくりの原材料の確保や、二風谷工芸組合による伝統的工芸品としての普及啓発活動など、新たな展開を見せています。

現代の民族概念

現代において、文化が所与のものとして存在すると考えることはできなくなっています。

かつては、土着の文化を保持する地縁的・血縁的集団が他と識別するかたちで想定され、そうした集団が本質的に受け継いできたホンモノの文化があるという考えのもと、日本文化とかアイヌ文化と表現してきました。

そして文化は、伝承の主体となる民族や共同体などが培ってきた、有形・無形の総体で、それらを網羅的に収集したり記録したりすることで、その文化を民族誌や展示といったかたちで表象できると考えてきました。

しかし、そうした見方そのものが、近代における西洋から未開社会へのまなざしを前提とし、政治的な優位性や学問の権威によって他者の文化を一方的に記述することによって成り立ってきたことへの批判が、1980年代後半から90年代にかけて論じられました。異文化へのまなざしそのものを問い直すために、そもそもそれの前提となってきた文化、あるいは民族といった概念の転換が求められたのです。

現代においては、**文化的なアイデンティティ**とは、民族意識を共有し主体的に継承しようとすることで自らを位置づける行為であり、文化の概念も、意味を見出し、活用されることで、人々を結びつけたり、地域を特徴づけたりするものといった、もともとそこにあるものではなく、状況のなかで不断に意味づけられ続ける動態的なものとなっています。そのため、文化創造や観光、教育、福祉、地域活性化などと不可分のものとなっていますし、そうしたことへの文化の活用＝文化資源化が身近なところでも、世界のいたるところでも起こっています。

そうした現場にまずは居合わせ、積極的に交流し、そこで何が起こっているのか、また自分がどのような思考をとるのかを考えることが、フィールドワークの基本となります。そうしたみずからを問い直す自省的な姿勢と、他者を見ることで自己の位置を知るような再帰的《さいきてき》な思考をもっていくことが、これからの文化との付き合いかたには必要とされているのではないでしょうか。

▼この章をより深く知るための参考文献

萱野茂『**アイヌ歳時記　―二風谷のくらしと心―**』筑摩書房　2017年

瀬川拓郎『**アイヌ学入門**』講談社　2015年

岸上伸啓『**開発と先住民**（みんぱく 実践人類学シリーズ7）』明石書店　2009年

第５章

生物多様性と文化多様性の結節点

紀ノ川平野を流れる近世以来の用水路（和歌山県岩出市）

“ずらし”の視角

開発 vs. 文化

⬇

生 物 多 様 性 ＋ 文化的多様性

1 世界農業遺産が守りたいもの

最近、世界農業遺産という言葉が、少しずつ知られるようになってきました。これはユネスコの世界遺産活動の1つと思われがちですが、そうではありません。**世界農業遺産**（**Globally Important Agricultural Heritage Systems** 略称GIAHS ジアス）は、国連の食糧農業機関（FAO）が認定するもので、その定義は「コミュニティの環境及び持続可能な開発に対するニーズと志向とコミュニティの共適応により発展してきた世界的に重要な生物多様性に富む優れた土地利用システム及びランドスケープ」とされています。

世界農業遺産が守ろうとするものは、持続可能な開発と生物多様性の両立であり、伝統的に、また歴史的にかたちづくられてきた**農業システム**を遺産として認め合うことで、文化的多様性の重要性が共有されるという考え方があります。

この活動の重要なキーワードは、ランドスケープ・生物文化多様性です。

ランドスケープ（または**シースケープ**）は、「土地の上に農林水産業の営みを展開し、それが呈する1つの地域的まとまり」とされており、生業と独自なシステムがつくりだす景観という意味では、文化的景観の概念と少し似たところがあります。

また生物文化多様性とは、人間の活動によって、歴史的に、また現在進行形の環境の変化のなかで維持される生物多様性のことであり、文化的多様性と生物学的多様性との結びつきが重視されています。身近な例では、水田環境に適応した野鳥や昆虫、小動物等の生き物が、稲作の維持・継続によって生存が維持されるといったものを指します。

世界農業遺産は、いわば無形の農業システムの保全を目的としており、その保全のための行動計画にもとづいて、伝統的な農法や漁法と、生物多様性とを継承していこうとするものです。

世界農業遺産の価値づけかたは、次の5つの**認定基準**で設定されています。「食料と生計の保障」、「農業生物多様性」、「伝統的な知識システム」、「農文化」、「ランドスケープ」です。

最初の「**食料と生計の保障**」は、文字通り伝統的な農業システムが生計維持を保障することに貢献するということですが、ポイントはそれが、回復力と訳されるレジリエンス（後述）と結びつけられていることです。政治的、あるいは経済状況の変化や気候変動、災害など、常に流動的な世界情勢にあっても、こうしたことに脆弱さをもつ地域社会が、ローカルな仕組みを使って生計を維持し続けることができる、そうした可能性が重視されています。

次に、「**農業生物多様性**」は、伝統的な農業や水産業のシステムが生態系機能を循環させるのに寄与し、それによってその地域における生物多様性が維持されることをさします。また**遺伝資源**、つまり地域特有な在来野菜や動物の固有種、昆虫や植物等の稀少種や絶滅危惧種を育むことが期待されています。

3つ目の「**伝統的な知識システム**」は、自然や環境に対するローカルな知識である民俗知識と、環境改変への独自のアプローチである民俗技術、水や土壌などの天然資源の循環的な利用、それを営むための慣習や利益分配の規範などが念頭にあり、民俗学的な地域の見方が反映されている部分です。公的でも私的でもない、地域コミュニティでのさまざまな規制やルール、禁忌や罰則などによって環境保全を実現する**コモンズ**、すなわち共的管理もこれに活かされている場合があるでしょう。

4つ目の「**農文化**」は、文化、価値観、および社会組織といった伝統的な農業システムを営む地域生活の総体を指します。衣食住にはじまり、土地利用や農業暦、生業、モノづくり、年中行事と農耕儀礼、婚姻や葬送などの人生儀礼、宗教的な信仰や世界観、口頭伝承、遊戯、民俗芸能まで、あらゆる民俗誌的な要素が、これには含まれます。そこでは、労働や生活における性的役割や性別に対する価値観の土台となっているあらゆることがらに関わるジェンダーの問題や、職業等に対する優劣の価値など、差別や抑圧の源泉となる要素も含まれており、こうしたことを単にローカルな価値とひとくくりにして隠蔽するのではなく、民俗学的な研究、分析、それを応用していく方法と実践の積み重ねが求められます。

5つ目の「**ランドスケープ**」は、海付きの集落（海浜に面した集落）や島嶼《とうしょ》地域の場合はシースケープと呼ばれる場合もありますが、総じていえば土地と天然資源（水など）の独創的な管理が作り出す景観であり、詳しくは冒頭で述べた通りです。日本でいえば、**棚田**の風景や、**里山**の風景を思い浮かべると分かりやすいと思います。それは美的価値を育み、絵画や写真、映像といった芸術的な創作活動ともつながりながら、人々に心の原風景を構築させるものです。

さて、こうして価値を認定した世界農業遺産には、単に環境保護のための活動ではなく、社会のあり方を変えていく次の3つの**提案**が含まれていることに注意すべきでしょう。

第1に、先ほども少し触れた**レジリエンス**です。これは自己回復力とでも言えばいいでしょうか、東日本大震災以降、人文社会科学、工学等における議論で盛んに使われるようになった言葉です。歴史的に見ると、度重なる自然災害や社会変化にもかかわらず、多くの農業システムが維持されてきたことから、その基盤となっている農業システムが将来も起こりうるこうした変化にも対応していくための力となりうるという考えかたです。

第2に、**市民参加**ともいうべきもので、農山漁村の人口減少や高齢化に対し、学生や都市の住民、ＮＰＯや市民グループ、企業、フォロアーなど、多様な主体が農業システムの維持に参加していくというものです。これを**ニュー・コモンズ**という表現で示すこともあります。

最後に**6次産業化**です。生産者の加工や流通への参画、ブランド化や付加価値の付与、観光振興など農業システムが経済的な意味での地域活性化につながるとしています。

日本の世界農業遺産

２０１８年1月現在、11件が認定を受けています。登録順に２０１１年に新潟県の「トキと共生する佐渡の里山」と石川県の「能登の里山里海」、２０１３年に静岡県の「静岡の茶草場農法」と「阿蘇の草原の維持と持続的農業」、大分県の「クヌギ林とため池がつなぐ国東半島・宇佐の農林水産循環」、２０１５年に岐阜県の「清流長良川の鮎」と和歌山県の「みなべ・田辺の梅システム」、熊本県の「高千穂郷・椎葉山の山間地農林業複合システム」です。最近では、２０１７年に宮城県「『大崎耕土』の巧みな水管理による水田農業システム」と静岡県の「静岡水わさびの伝統栽培（発祥の地が伝える人とわさびの歴史）」、徳島県の「にし阿波の傾斜地農耕システム」の3件が加わりました。

　これらに加え、農林水産大臣が認定する**日本農業遺産**があります。世界農業遺産に認定されたものに加え、埼玉県「武蔵野の落ち葉堆肥農法」、山梨県の「盆地に適応した山梨の複合的果樹システム」、新潟県「雪の恵みを活かした稲作・養鯉システム」、三重県の「鳥羽・志摩の海女漁業と真珠養殖業（持続的漁業を実現する里海システム）」と「急峻な地形と日本有数の多雨が生み出す尾鷲ヒノキ林業」が認定されており、将来的に世界農業遺産に申請される可能性を持っています。

　世界農業遺産は、いくつかの課題を持っているとわたしは考えます。

　1つは、認定される農業システムが、ややもすれば自己完結的な社会のとらえ方で理解されやすいという点があります。実際に認定されたものをみれば、それを営む地域コミュニティには半自給的なシステムが想定されている描かれかたが目につきます。もともと、その地域の独創的な生業技術とその基盤づくりは、在来技術に加え、新技術がうまく組み込まれるかたちで段階的に発展してきたものである場合が多く、その技術も生産規模を拡大すれば、労働力の投入の仕方や、人々の社会関係も大きく変化させることが不可避なものです。どんな生産物も交換と流通がなければ成立しませんし、それが農産品であれ水産品であれ、林産品であれ、それが商品であるからには市場の動向の影響を受けるものです。

　外部とのかかわりのなかで、新しい価値観や技術、道具がもたらされ、地域社会はその時代に適応していきます。そうしたダイナミズムが、農業システムを維持してきたにもかかわらず、現在のありかたをその技術の到達点とみなしてそれを守ろうとすることは、その地域が持ってきた文化変容のダイナミズムを阻害するばかりでなく、適応しながら再生していくというレジリエンスも期待できなくなってしまうのではないでしょうか。この**システム論からプロセス論への転換**、つまり現在のかたちも変化の過程であるという歴史的視点をもつことが必要なのではないでしょうか。

　また、市民参画による新たな担い手の創出と、ともに共感をもってかかわりを持ちながら農業システムを維持しようとするニュー・コモンズについても、連携をコーディネートする主体の不在が気にかかります。

地域住民が主体的にこうした連携を推進できるような戦略的な地域ならば、それも実現していくでしょう。しかし、その役割を担いうる**キーマン**が不在となったとき、途端にその連携の動きが滞ってしまうことはよくあります。

また、協働のかたちで何かの活動を動かすのは、自分たちだけでそれを行うのに対して何倍もの時間とエネルギーを費やす必要があります。東日本大震災の被災地では、ボランティアや諸団体との協働に熱心な地区の代表者や役場職員ほど疲弊してしまうといったことがみられました。

こうした連携や参加のあり方を模索していくうえで、よくとられるのがグッド・プラクティス、つまり良い実践例を探してそれに倣うかたちで、別の地域の実践もつくり出していくという方法です。

ただ、**グッド・プラクティス**というのは、概して実験的な側面が強いもので、だからこそ目立ってくるものです。実験には、高い問題意識と中長期的なビジョンと、現状の分析力、現場での問題発見のためのフィールドワークのセンスが不可欠です。しかし、グッド・プラクティスに倣うというとき、そうしたことを踏まえずに実践の方法や枠組みだけを真似してしまうことが多く、地域の課題の所在がぼやけていったり、地域住民の思いとの乖離《かいり》が生じたり、また身の丈にあった規模の活動になっていなかったりして、結局は失敗してしまう例もあります。

こうしたことを踏まえたうえで、それでも世界農業遺産に依拠した活動が各地で展開されることで、「人間の幸福」といった大きな目的に向かっていく第一歩となるのではないでしょうか。

2

開発と文化

グローバル化時代における水資源の重要性

世界農業遺産のような、独創的な農業システムとまでいかなくても、各地域にはそれぞれの地域の歴史的展開のなかでかたちづくられた、農山漁村の景観というものがあります。そうした伝統的な景観と地域開発は、ときに折り合いをつけながら、ときに衝突しながら、現在にいたります。

国際機関による持続的な開発と伝統文化の継承による文化的多様性の議論は、日本の地域開発における河川や耕地、山池の開発に対して、確実に影響を及ぼしています。その最前線が河川と水資源です。

水資源については、世界的に隆盛をみせている**水ビジネス**による過度な水源地開発や、食糧のグローバルな流通にともなう間接的な水の搾取など、さまざまなかたちで社会問題化しています。前者は、例えば河川の水源地のある土地が、流域の地域住民や農業・工業における受益者らの知らないところで外国企業に売却されるなどして、争議にいたるといった例があります。

安全な水に対するニーズは非常に高まっており、水道水が飲用に耐えない諸外国ではもちろんのこと、日本でも職場や病院などにボトル詰めの水のサーバーを据えるのが当たり前になってきています。日本の水道水の安全基準が世界的にみて高水準であるにもかかわらず、ほとんどの小学生が水道水をそのまま飲むことに抵抗を感じているといったことを聞くと、水道水に対する過敏なほどの抵抗感には疑問を覚えます。

こうしたこととは別に、精密機械の製造や製薬、バイオテクノロジー、医療などに用いられる極めて高度な純水など、水商品へのニーズもあります。

また、後者の**水をめぐるグローバル化の問題**として、**仮想水**（バーチャル・ウォーター）というものがあります。これは外国から穀物や野菜、家畜の肉などを輸入した時に、輸出国はそれを生産するために大量の水を消費するので、いってみればこれらの食糧を輸入した時、その生産に必要な水を輸入国は節約したことになります。その節約した水で工業をさらに発展させたり、都市生活を豊かにしたりすることができ、逆に輸出国は水を自分たちで消費せずに海外に持って行かれてしまうという構図になります。こうしたことが過度に進むと、水の搾取につながり、グローバルなモノの移動が高度化すればするほど、富める国と停滞し続ける国の格差が拡大し続けるということになります。

仮想水と切っても切り離せないのが、**フード・マイレージ**というものです。これは食糧を輸出したときに消費する燃料などの資源を計算したもので、その移動手段と移動距離によって割り出されます。移動距離が長ければ長いほど、フード・マイレージの値も高くなります。しかしそうした商品が、意外なほど安価で入手出来るとき、生産国の労働条件や品質など、いくつもの問題が気になり始めることでしょう。

仮想水も、フード・マイレージも、目に見えないところで拡大し続けるグローバル化を、いわば〝見える化〟しようという工夫です。

グローバル化にともなうさまざまな問題は、身近な生活のなかでは見えないのです。こうした問題の根本に有限な資源である水があることがわかります。水資源は、グローバル化時代特有な問題を引き起こしているのです。

水資源の源泉である**河川の開発**は、山と川が国土を特徴づける日本にとって、歴史を通じて切実な問題でした。現代日本における農村の景観整備は、治水と農業・工業・発電等の利水、生活用水の基盤を整備したうえで、そこに自然と人間の営みを再構築した親水空間の創生を念頭において推進されています。

そして防災・水資源・親水空間の設計においては、川の利用や河川資源利用の民俗が、自然と人間が調和した営みのモデルとして活用されています。現代農村の水環境をめぐる動向において、ひと時代前のくらしのあり方は、自然と生活との共生モデルとして理解され、文化資源化されるという状況が見てとれます。

河川開発と文化資源をめぐる動き

一方、水辺に着目したとき農村のくらしと川とのかかわりは単に共生と位置づけられるほど単純ではありません。そこには、近世以来継続されてきた工法による井堰灌漑《いせきかんがい》の基盤整備と、近代における大規模な土木工事による開発、そして近代における河川資源管理体制の確立といった歴史があります。過去を自然と調和した理想的なモデルとして礼賛するのではなく、また景観整備の側からの開発論でもない、地域に着目するという視座から現代の水資源と水辺環境の動向をとらえていく必要があるでしょう。

子どもたちの川離れが叫ばれています。川が暮らしから離れたものとなっているという文脈は、水難事故や治安悪化、環境汚染や公害、テレビゲームやネット依存による子どもの体力低下など、様々な関連づけによって論じられますが、いずれにしても川とくらしの乖離は、近代の治・利水と都市およびその郊外の大規模開発の過程で起こってきたものです。

１９９０年代以降、これが社会問題として顕在化し、川と現代生活の親和が求められるようになった背景には、**生活環境主義**をはじめ、身近な水辺環境との関係再構築を生みだす様々な試みが、多くの人々の共感を伴って実践されていったからです。

２０００年代には、そうした考え方が政策や開発に応用されていき、河川開発は新たな局面に至りますが、そこに生まれる対立と融和は住民―行政、住民―企業といった単純な二項対立に括ることができない入り組んだものとなっていき、社会全体で取り組むべき課題として認識されていきます。川離れが議論されるようになったのはそうした時期であり、より端的には１９９７年**河川法改正前後**と位置づけられます。

河川管理制度の根幹をなす**河川法**は、「治水」を目的としてはじまり（１８９６年改正）、高度成長期の都市や工業の水需要の増大に対応するため、「利水」を目的とした社会基盤整備の根拠として位置づけられるに至りました（１９６２年改正）。

１９９７年、河川法は、河川審議会の答申を踏まえるかたちで、治・利水に、生物多様性の維持や個性的な地域づくり、住民参加・市民参画などの現代的な価値を盛り込む方向で改正されました。「治水」、「利水」に加え、「環境」を重視する開発へと転換したのです。このとき川離れの社会問題化は顕著なものとなり、上記の生物多様性の維持や個性的な地域づくりを担う市民の参画が広範に実践されていくこととなりました。

具体的には、河川管理者が定める河川基本方針をもとに、住民参加の舞台としての「流域委員会」や「懇談会」

を設置し、自然や文化と人間が調和した親水空間の創造が構想・計画され、行政がそれを設計・実施するという現在の景観整備のかたちがつくられていったのです。

こうした動向のなかで、教育・開発・農村振興の3つの分野において、親水空間の創造に向けた特徴ある取組みが全国的に展開されました。

教育面では、**環境教育**のいくつかのプロジェクトに代表される動きのなかで、川に親しむ試みがなされてきました。1999年の河川審議会答申「新たな水循環・国土管理に向けた総合行政のあり方について」では、「川に学ぶ」社会をスローガンに、川を舞台とした環境教育を推進する意義について述べられています。

具体的には、国土交通省による身近な自然体験の場を整備し、実践していく「水辺の楽校プロジェクト」、環境省による市民団体等の川をフィールドとする活動を活発化させる「「子どもの水辺」再発見プロジェクト」などがあります。

次に開発面では、**伝統的な河川改修技術の再評価**の動きを指摘できます。この前提としては、川の流れを封じ込めることで氾濫を防ぐという近代工法が、生物多様性や川と人々との関わりを阻害してきたという反省があります。加えて、気候変動による災害の激甚化の傾向から、近代的な開発を通じても防ぎきれない災害が発生するようになり、かえって伝統工法への再評価が進むという背景もあります。

これも同じく1999年に河川審議会が答申した「川における伝統技術の活用はいかにあるべきか」においても、伝統技術の再評価とこれからの河川開発について再考すべきと促しています。こうしたことは、上総《かずさ》掘りの技術が発展途上国での井戸掘削に応用されたように、国内の河川開発のみならず、**海外への開発援助の現場でも応用**することも期待されるでしょう。

3つ目に**農村振興と開発の関連づけ**の動きです。農林水産大臣からの諮問を受けて、2001年、日本学術会議は「地球環境・人間生活にかかわる農業及び森林の多面的な機能の評価について」を答申しました。

そのなかでは、**農業・農村の多面的機能**の発揮が強調されています。農林水産省によるその定義は、「国土の保全、水源の涵養《かんよう》、自然環境の保全、良好な景観の形成、文化の伝承等、農村で農業生産活動が行われることにより生ずる、食料その他の農産物の供給の機能以外の多面にわたる機能」とされ、端的には、「国土の保全」「水源の涵養」「自然環境の保全」「良好な景観の形成」「文化の伝承」が挙げられています。ほかにも、癒しや安らぎをもたらす働きや、体験学習や教育の場としての働き、医療・介護・福祉の場としての働きなども、農業・農村の多面的機能として列挙されています。

この20年ほどの河川開発を取り巻く状況は、そもそも社会問題とされた川離れへの対応というよりは、農業生産の基盤と農村の生活環境の整備を通じて、農業の持続的発展、食料の安定供給に加えて、多面的機能の発揮ということが重視されてきたことがわかります。

農林水産業を、農山漁村の生活文化とのかかわりにおいて評価し、そこから新たな交流や都市住民をはじめとするさまざまな人々の関与、そして新たな産業の創出へとつなげ、農村の生計維持や文化継承につなげようという意図は、世界農業遺産にも共通する部分があります。その良し悪しはともかく、経済一辺倒での農林水産業の振興からの脱却、近代工法による人間不在の河川改修からの転換などは、現代の開発と文化遺産をめぐるひとつの動向として注目したいと思います。

紀ノ川流域における文化と開発

さて、河川開発と文化遺産について、具体例を挙げてみてみましょう。紀ノ川《きのかわ》は、日本有数の多雨地帯である大《おお》台ヶ原《だいがはら》にその源を発する紀の川水系にあり、中央構造線に沿って西に流れ下って紀伊水道に注ぐ、幹川流路延長１３６kmにおよぶ一級河川です。（ちなみに、国交省河川名は紀の川、国土地理院による地名は紀ノ川、奈良県内の部分は吉野川と呼ばれています。ここでは紀ノ川で統一して表記します。）

さて、この紀ノ川は江戸時代においては暴れ川として、肥沃な土壌を作り出す反面、コントロールするのが難しい川でした。その川との切磋琢磨が生みだしたのが**紀州流工法**と呼ばれる土木技術で、これが関東平野の開発にも応用されることになるのです。

制御が難しい理由の根本は、そもそも紀ノ川が、日本有数の雨量の大台ヶ原を水源としており、水量が多い、すなわち水余りの状況につながりやすいという点にあります。

紀州藩は、長年にわたる工事で「千間堤《せんげんづつみ》」を建設して河道を直線化し、雨水を淀みなく紀伊水道へと放出しようと考えてきました。川をまっすぐにして、かつて川が蛇行していた部分の旧河道を新田開発しつつ、緻密な勾配計算と用・排水路を分離して綿密な流路の計画を立て、徹底した「水盛《みずもり》」と浚渫《しゅんせつ》などの技術を駆使して、用水の受益地域を最大化することに成功したのです。

紀ノ川流域は、この紀州流工法によって享保年間（1716～36年）から新田開発と井堰開削のための工事が継続的に行われてきました。近世末期には、地域の成功した地主や庄屋が開削延長し、みずからの名を地名に刻むことで威信を獲得しました。

こうした開発を可能にしたのは、紀州藩の豊富な知識と技術を持った人材でした。一八世紀前半、徳川吉宗に召抱えられた井澤弥惣兵衛《いさわやそべえ》や大畑才蔵《おおはたさいぞう》は、川をできるだけ直線にして積極的な開発を行うことや、ため池灌漑との組み合わせで水田開発が可能な面積を増やすことを実現させました。

井澤弥惣兵衛は、紀州藩から将軍として江戸に上った徳川吉宗が、関東平野の開発に紀州流工法を応用するべく招《しょう》聘《へい》され、利根川における見沼代《みぬまだい》用水や飯沼《いいぬま》干拓など、現在も機能し続けている河川開発を行いました。

また、大畑才蔵は、その理論と工程、現場の運営法、新田の検見、二毛作の技術等について詳しく述べた『地方聞書《じかたのききがき》』他（通称：才蔵記《さいぞうき》）を著し、その技術水準の高さを現在に伝えています。現在も幹線水路となっている小田井《おだい》、藤《ふじ》崎井《さきい》、六箇井《ろっかい》といった用水路とその頭首工《とうしゅこう》は、井澤と大畑のチームによる公共事業の遺構ともなっています。

近代に入ると、紀ノ川の大規模開発が展開していきました。昭和初期には、奈良盆地に対して吉野川からの山越えの分水が計画されましたが、和歌山県側の猛反対で数度決裂します。最終的には国の「**復興国土計画要綱案**」（1946年）をうけた奈良・和歌山両県、内務省、農林省、建設省の協議（通称：プルニエ合意）によって「十津川・紀ノ川総合開発計画」が事業化しました。戦前の協議では、和歌山県側が使える水が奈良県に取られるのはイヤだということで利害が調整されませんでした。そこで「プルニエ合意」では、水源地の大台ケ原から南に向けて熊野灘へ注ぐもう1つの大河である熊野川の水の一部を、奈良県域の十津川村の位置から山越えで紀ノ川に補充するということで合意に至りました。つまり、ただでさえ多い紀ノ川の水をさらに増やすという仰天のアイデアです。そして、山地を流れ下った川が平地にたどり着いたところで、上流で加水した分の水を分け、和泉山脈を越えて奈良盆地を灌漑するというものです。これにより、農業用水の供給が不安定であった奈良盆地が、一大穀倉地帯に変わったのです。この事業では、和歌山県側の下流域も、江戸時代以来の堰を改修して、小田井・藤崎井・岩出井・新六ヶ井という近代的な水路に統合し、和歌山平野の用水も補強しました。加えて、上水道と工業用水の確保、発電、治水をも実現しました。この大規模改修によって、農業近代化と工業化、都市化が進展していくことになったという意味では、河川開発がこの地域の近代化の鍵であったと振り返ることができます。

ところで、わたしは15年以上にわたって紀ノ川流域の農村の調査を行ってきましたが、各集落における水の利用や生業、年中行事が、江戸時代以来の伝統的な農村生活の残存ではなく、上記のような近代の開発のなかで変化したり、新たに生まれたりした風俗習慣であることに気がつきます。前述のように「川離れ」が社会問題として議論されてきたのとは裏腹に、「川離し」とも呼べる向き合い方でした。紀ノ川本流のことを、人々はオオカワ（大川）と呼びます。紀州藩による開発から近代の大規模改修を通じて、紀ノ川本流からは、必要な水を分水して用水路に流し、残りの水は河川の直線化と連続堤によって囲い込み、紀伊水道にできるだけスムーズに流すことを考えてきました。

紀ノ川本流は、川漁師の漁撈《ぎょろう》活動や、橋が架かる以前は渡し船で対岸に渡るなど、生活のかかわりはありますが、その水を直接使うことはなく、ユカワと呼ぶ人工的な用水路が、生活に身近な水辺でした。そこは、川遊びや洗濯、野菜洗いなどの交流空間であり、さまざまな儀礼が行われる宗教空間でもありました。子どもたちが興じるのは、ドジョウを餌にしてウナギやナマズを釣るピンピン、モンドリ（筌）を沈めてウナギをとるツッポ、台風のあとに流されないように石の影などに身を潜めていた川エビやハヤ、フナなどをタモ（玉網）でほじくり出して掬うニゴダマなどでした。

こうしたことを聞書きで調べていくと、それはすべて用水路での出来事であり、排水路ではこうしたことはしてはいけないと厳しく決められていたといいます。

排水路は水量が多く、オオカワに向けて直線的に設計されているため、遊ぶには危険で遊び場とはならないのです。網目のように細分化して水田を潤した水を流す排水路が合流する地点には、地蔵菩薩が祀られていることが多いのですが、これは合流地点で川に落ちて溺死したり、排水路から流されて合流地点で遺体が発見されたりといったことから、亡くなった人の冥福を祈るために祀られたと伝えられています。

農業用水の安定供給と細かい水量コントロールによって、近代には二毛作を基盤とした商業的農業が展開し、農村は発展していきましたが、近代的な土木工事が身近な水辺空間を作り出すと同時に、危険をも生みだしていくのです。

ユカワと呼ぶ幹線用水路は、集落のいろいろな儀礼が行われる空間でもありました。

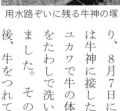

例えば、虫送りの儀礼では、上流の隣りの集落（カミドナリ）との境の用水路の位置で松明に火をつけて燃やし、集落内を歩いて災厄を火に集め、下流の隣りの集落（シモドナリ）の境で松明を水路に投げ入れました。地蔵詣りでは、六箇井と藤崎井という2つの幹線用水路の合流ポイントに祀られている地蔵に詣でて、子どもの成長祈願をしました。七夕行事としては、カンガリといって、子どもたちが七夕の節句に麦藁を燃やしながら各戸を回り、最後はユカワである六箇井に捨てました。年末の大掃除であるすす払いでは、家の掃除をしたあと、箒を六箇井に捨てて、1年の災厄を祓うという儀礼もありました。

用水路ぞいに残る牛神の塚

また、各家では農耕用の牛を飼っていましたが、いくつかの集落には水路沿いの岩などに牛神が祀られており、8月7日には牛神に接したユカワで牛の体をたわしで洗いました。その後、牛をつれて牛滝山大威徳寺《うしたきさんだいいとくじ》（大阪府岸和田市）まで牛を連れて歩いて行き、参詣して牛の健康と豊作祈願を行ったといいます。和歌山市田屋にある牛神サンは、六箇井という用水路に接した牛神ですが、むかしは女性はそこで髪を洗ったそうだという話も聞かれました。

一方、江戸時代の開発のなかで、川の浚渫（深くすること）が盛んに行われました。これは川の河床が一定の勾配で下っていかなければ、紀州流工法は効果を発揮しないので、勾配計算によって盛り上がった部分は積極的に浚渫されたのです。

河床の土砂を除けば、当然その土砂をどこかに溜めなければなりません。紀ノ川流域の農村には、所どころに古墳かと見紛うような、こんもりとした丘が見られます。これをこの地域では、ヤマと呼び、薪や竹を自由に採取して良い場所であり、近畿ではよく行われるカンセンギョ（寒施行）の儀礼の場として、冬に食べものに困るキツネのために稲荷寿司や赤飯が供えられる場でもあります。

また、埋め墓と参り墓の両方を持つ両墓制の集落では、ここに古くはサンマイと呼ぶ埋め墓があったとか、土葬をしなくなった後にはヤキバ（火葬場）が作られたといったことも聞かれます。

川にまつわる**くらしのエピソード**は、紀ノ川下流域の農村においては紀ノ川本流のオオカワではなく、そこから分水した人工的な幹線用水路であるユカワを舞台としたものでした。そこは、日常生活に欠かせない水場であり、遊びの場であり、儀礼の場でした。また、河道変更や勾配調整のために紀ノ川を浚渫した土砂は、ヤマと呼ばれる空間として人々の生活のなかで使われてきました。一方、オオカワとそこへ注ぐ排水路は、危険な場所として切り離され、生活からは乖離していました。この入り組んだ川の使い分けと知識の総体が、紀ノ川流域における川との関わりのすがたでした。

親水イメージの創造

前述のように、現代は河川開発と川にまつわる伝統文化の文化資源化が同時に展開しています。そのキーワードは**親水**《しんすい》であり、生活との身近な関わりを〝取り戻す〟ための、川に親しむ活動に供する**親水空間の整備**が盛んに行われています。これ自体は、悪いことではありませんが、わたしはその地域ごとの川とのかかわりとその川との関わりのローカルな意味が踏まえられず、イメージとしての川との関わりの消費にとどまっている場合があることに、違和感をおぼえます。

紀の川大堰《おおぜき》は、河口の重工業地帯への工業用水需要、和歌山市の人口増大による上水道の確保に対応しているもので、現代の紀ノ川の治水と利水に極めて重要な役割を果たしています。また、台風や高潮などの折に、本流から支流に水が逆流する、いわゆる内水《うちみず》による洪水のための調整機能も担っています。ここには**環境教育**に対応する「水ときらめき紀の川館」が設置され、学校の社会見学を中心に受入れるとともに、魚道観察を通じて、紀ノ川の生き物の多様性や、治水の歴史について学ぶことができる施設となっています。また、同館の展示では、吉野林業、染織工業、下流の二毛作地帯、城下以来の和歌山市の発展をもたらした歴史を紹介し、雛流しなど、紀ノ川本流で行われる雛流しなどの儀礼を事例にあげながら、いわば川の多面的機能について紹介しています。

ただ、こうした環境教育のミュージアム的な施設には、調査研究の機能は備わっていないため、地域の生活の歴史をどのようにとらえていくことができるかといった思索を深めていくことは、難しいものです。前述のように、紀ノ川下流域では、用水路がもっとも近しい水辺であり、単一のイメージに収斂し得ない川との入り組んだかかわりがみられました。そうした暮らしの歴史的展開のなかで、制御の範囲を超えた水への恐れや、民間信仰において表現される世界観、例えば災厄は上流から集落に流入するといったとらえ方が根付いていきました。それは必ずしも人間と二項対立にある自然との関わりではなく、人工的に改変された自然とのかかわりであったことにも気づかされます。

自然と人間の調和といった親水イメージは、「**水辺環境としての農村**」の再開発において、より顕著に利用されています。治水対策のための公共工事においても、治水・利水に加えて環境の要素が重視され、都市近郊農村の再整備戦略に反映されています。

例えば、減反や高齢化にともなう農家の生産規模縮小などによって生まれた休耕地を集約し、そこへ物流センターや大手小売店舗の進出を誘致し、さらに土地改良区の水路と農村環境整備と圃場《ほじょう》整備事業などを組み合わせて、新たな農村基盤を整備する動きが展開しています。いわば、内部に閉じた農村から、オープンスペースの水辺環境としての農村への転換をはかることで、新たな農村像が生みだされようとしています。

とくに、減反分の圃場を施設建設に回し、植づけが歯抜け状態だった農村景観を美化したうえで、そこに保育所や集会場、公園、多目的グラウンド、防災施設を整備しています。既存の産地直売店も再整備するなどして、都市近郊農村における都市住民とのつながりを補強し、農業のやりがいにもつなげようとしています。

一方、「**水辺環境としての溜池**」の開発も急速に整備されてきています。前述の「十津川・紀の川総合開発事業」では、従来溜池灌漑であった河岸段丘上の耕地が大規模開発され、新たな「紀の川用水」によって灌漑されるようになりました。紀ノ川本流から段丘面上へと揚水《ようすい》する必要があり、サイフォン方式の工事も行われました。これ以降、一部の水路で灌漑できない水田への配水を除いて、既存の溜池の多くは放置され、生活環境の悪化を招き、人の立ち入らない溜池周辺での犯罪も問題化していきました。

近年、溜池を再整備し**公園化**する動きが活発化しています。土木工事をともなう水辺の大規模開発において、環境が意識されたことで溜池の水辺空間としての多面的な機能に注目が集まったのです。紀ノ川下流域では、岩出市図書館の庭池として活用される例（大門池）、県緑花センターの公園池として活用される例（新池）、住民参加の公園整備の例（来栖大池）、野鳥観察と古墳の保存整備の例（貴志川の平池）、バス釣堀と桜の名所化の例（桜池）、3つの溜池を整備した「水と土ふれあい公園」の建設の例（紀の川市南中地区）などがあります。

また、**水利遺構の資源化**という動向もみられます。これの主体には水土里《みどり》ネット（かつての土地改良区）による普及活動において、井堰と人の営みの歴史をたどるウォークイベントなどの企画が行われ、**水資源管理**の重要性を普及する機会となっています。

井堰・溜池灌漑施設の観光資源化の例として、弘法大師空海が奇跡を起こして水が湧いたと伝えられる井戸、文覚《もんがく》上人《しょうにん》、木食応其《もくじきおうご》、大畑才蔵など水利面での地域開発の立役者にゆかりのある場所をめぐることで、開発の歴史をたどるウォークラリーなどの企画が、健康づくりとも結びついて好評を博しています。

伝統を資源としたイベントの代表例として、「紀の川流し雛」（主催：紀の川市文化協会）があります。都市近郊農村が都市化していき、世代交代すると地域の民俗を取り入れて企画されたイベントも、伝統行事として定着しています。この祭りでは、粉河寺《こかわでら》管長による市民安全祈願のあと、商店街から市役所を通り、紀の川支流の中津川に至り、紀の川に向けて園児が作った雛人形を流します。

現代の粉河の流し雛行事で流される「流し雛」

紀ノ川下流域農村は、大規模な環境改変を伴う開発を近世から積極的に受容してきました。そのなかで、河川の本流と支流を生活から乖離させ、人工的な用排水網をくらしに身近な農村の水環境として親しんできました。一方、現代の都市近郊農村開発においては、人々は井堰を中心とした水辺環境として農村を再定義することで、整備が進んでいます。そのなかではステレオタイプな親水イメージの再生産が起こっていますが、**地域住民**を主体とした**伝統文化の掘り起し**や**歴史の資源化**の動きは、逆にそうしたイメージにとらわれず、地域住民にとって大切にしたいものの掘り起しや、ミクロすぎるほど瑣末《さまつ》な暮らしのエピソードに対する共感などが、ボトムアップのかたちで展開し始めています。

トップダウンの行政による開発が生み出す水辺の親水空間は、かつてこの地域の人々が河川改修によって作られた人工的な水辺空間をみずからの生活の文脈でとらえなおしていったように、現代の人々も交流のなかから地域社会を再構築していく実践へと向かっています。

ここに、わたしは行政的な親水イメージからの〝ずらし〟の視角を見出し、人々の実践の力強さに期待を抱くのです。

▼この章をより深く知るための参考文献

菅豊『**川は誰のものか　―人と環境の民俗学―**』吉川弘文館　2005年

世界農業遺産BOOK編集制作委員会編『**次世代につなぐ美しい農の風景　―世界農業遺産―**』家の光協会　2015年

結城正美・黒田智編『**里山という物語　―環境人文学の対話―**』勉誠出版　2017年

第2部
文化財・博物館・学芸員

『文化遺産シェア時代』関連リンク集

以下のウェブサイトに各章の内容にかかわる最新の情報についてのリンクをはっていますので、それぞれ参考にしてください。
http://lafiesta.cocolog-nifty.com/blog/share.html

第6章
文化財保護法
歴史文化基本構想について
日本遺産について

第7章
記念物について

第8章
博物館法
世界ジオパーク
日本のジオパーク一覧

第9章
民俗文化財について
博物館におけるIPMについて

第10章
日本の博物館数や学芸員数について
これからの博物館

第11章
東北地方太平洋沖地震被災文化財等救援事業について
文化財防災ネットワークについて

第6章

保存と活用のジレンマ

特別名勝「松島」（写真は鐘島）

“ずらし”の視角

文化財を使って観光化

⬇

わたしたちの歴史・文化ストーリー

1 文化財の体系とそれを超えるストーリー

文化財の体系と保護のための仕組み

　文化財という言葉は、広く浸透しています。それは、文化財保護法上の**指定文化財**をさすこともあれば、**後世に残したいもの全般**をさすようなこともあります。このうち後者は文化財行政の側からの言葉では**未指定文化財**、あるいは潜在的な文化財という表現を使うこともあります。いずれは価値が認められて文化財になるかもしれない文化財予備軍といった意味です。

　意外なことと受け止められるかもしれませんが、この文化財という言葉は英語に訳したときに、どうも通じにくいものです。文化庁はカルチュラル・プロパティという文字通りの訳語を用意しています。しかし、日本人と欧米各国とでは、この言葉を聞いて人々がイメージするものに違いがあるようです。海外では、カルチュラル・ヘリテージつまり文化遺産という言葉も普及しています。プロパティというと財産というニュアンスがあり、ヘリテージはレガシーとしての継承が想定されるとわたしは感じています。いずれにしても、日本の文化財は文化財保護法という国内法上の位置付けによって規定されるものなので、各国でその概念が違って当然ですし、またその多様性を否定して、すべての国がユネスコの文化遺産に合わせなければならないというものでもありません。

　日本の**文化財保護法**は、１９４９年の**法隆寺金堂壁画の焼損**という出来事をきっかけとしてその翌年に制定されました。１９１９年の「史蹟名勝天然紀念物保存法」、１９２９年の「国宝保存法」、１９３３年の「重要美術品等ノ保存ニ関スル法律」などが統合され、戦後の新しい価値観のもとで制定されたのです。

　文化財保護法における文化財は、指定・選定・登録という大きく分けて3つのアプローチがあります。

　まず**指定**には、有形文化財・無形文化財・民俗文化財・記念物というカテゴリがあります。それぞれのなかで重要なものを文部科学大臣が指定し、有形文化財は重要文化財に、無形文化財は重要無形文化財に、民俗文化財は有形・無形の違いによって重要有形民俗文化財・重要無形民俗文化財に、記念物はその種類によって史跡・名勝・天然記念物として保護の対象となります。それぞれが対象とするものは、文化財保護法のなかで以下のように位置付けられています。

有形文化財―建造物／美術工芸品（絵画、彫刻、工芸品、書跡、典籍、古文書、考古資料、歴史資料）

無形文化財―演劇、音楽、工芸技術等

民俗文化財―有形の民俗文化財（無形の民俗文化財に用いられる衣服・器具・家屋等）無形の民俗文化財（衣食住・生業・信仰・年中行事等に関する風俗慣習、民俗芸能、民俗技術）

記念物―遺跡（貝塚、古墳、都城跡、城跡、旧宅等）／名勝地（庭園、橋梁、峡谷、海浜、山岳等）／動物／植物／地質鉱物

このうち、重要文化財のうち特に価値の高いものは**国宝**に、史跡・名勝・天然記念物のうち特に重要なものは、それぞれ**特別史跡・特別名勝・特別天然記念物**に指定されます。メディア用語としての「**人間国宝**」は、重要無形文化財の保持者として認定された人をいうので、実際には国宝という上位ランクに位置付けられるものではありません。

次に、**選定**は、文化的景観と伝統的建造物群保存地区、文化財の保存技術の3つのカテゴリがあります。

この選定を行うのは文部科学大臣ですが、それぞれ根拠とする法律が異なります。**文化的景観**は**景観法**に、**伝統的建造物群保存地区**（通称：**伝建地区**）は**都市計画法**にもとづいて、それぞれ地方自治体が調査にもとづいて決定し、景観や建造物群の保護のために開発や変更などに規制をかける地区となり、このうち特に重要なものを文部科学大臣が選定し、**重要文化的景観**、**重要伝統的建造物群保存地区**となります。

また、**文化財の保存のための技術**、例えば茅葺屋根の修理技術や、工芸品の道具製作技術など、文化財を守り続けていくために欠くことのできない技術・技能は、**選定保存技術**として選定され、その技術を持っている人や集団が、保持者、保持団体として認定されます。

3つ目の**登録**は、1996年度から有形文化財の建造物

に、２００５年度から有形文化財・有形民俗文化財・記念物に対して導入され、制度化されました。指定文化財以外のもののうち、とくに保存や活用のための措置が必要とされるものを**文化財登録原簿**に登録するというものです。

指定・選定は、指定は文化財保護法にのっとって調査研究をふまえて価値を認めるもので、選定は文化財保護法とは異なる法令を根拠としながら、やはり文化財としての価値を認めるものです。これらは言わば行政がトップダウン方式で守るべきものを指定し、その所有者や保持者等が規則で決められている範囲で文化財を守り続けていくように規制したり、それに必要な指導をしたり、金銭的な補助をしたりするものです。

これに対し、登録はいわば所有者からの届け出、つまりボトムアップ方式でリスト化していくものです。登録制度は、地域の開発や生活様式の急激な変化等によって、評価を受ける前に、文化財としての価値をもつものが破壊・消滅の危機にさらされている現状に対応し、**届出制**と**指導**・**助言**等による緩やかな保護措置を講じようとするものです。登録文化財は、のちに詳細な調査研究が行われて価値が確定すると、指定文化財となっていくこともあります。

また、こうした文化財が、より大きな枠組みでの価値づけによって、ユネスコの世界遺産や無形文化遺産、世界の記憶などに登録物件や構成要素となることもあります。指定・選定と登録は、車の両輪のような関係にあり、日本の文化財保護の特徴ともなっています。

文化財のカテゴリを超えていくためのストーリー

こうした文化財の体系によって、戦後日本の経済発展や生活様式の変化、そしてグローバリゼーション等の激動の時代のなかでも、数知れない文化財が破壊・消滅を免れたのですが、一方で課題も抱えています。その１つが、カテゴリごとに個別に保護していく体制からくる、活用面での弊害です。

例えば、地域にある寺院があったとしましょう。その寺域が古代の仏教寺院にまで遡ることができることから国の史跡に指定されていて、現存する本堂が重要文化財に、本尊が国宝に、庭園が特別名勝に指定されています。さらにそこに形成されてきた門前町と一体の景観として文化的景観にも選定され、地域で守られてきた仏教の年中行事が重要無形民俗文化財に指定されていたとします。加えて、門前町で継承されてきた工芸技術が経済産業省の伝統的工芸品に指定され、そこには数名の伝統工芸士が活躍しています。こうした状況にあっても、それぞれの文化財保護はカテゴリごとに個別に行うものですが、その普及にあたっては、これらを一体のものとして理解するための大きなストーリーが求められます。観光地に行って、個別の文化財の立て看板を読んでいっても全体像がよく分からず、混乱して結局は興味を深められないということは、誰しも経験があるでしょう。

国の重要無形民俗文化財「小迫《おばさま》の延年《えんねん》」（宮城県栗原市）

　こうした現状に対して、文化財の総合的な保存と活用をまちづくりに直接生かしていくための取り組みが、「**歴史文化基本構想**」の策定です。これは、地域の文化財を指定・未指定にかかわらず、また文化財のカテゴリにこだわらず幅広く捉えて、その周辺環境を含めて総合的に保存・活用するための構想です。具体的には、広い意味での文化財を相互に関連性のあるまとまりとして捉えてストーリーづける「**関連文化財群**」としてまとめ、それを具体的に地域の空間に当てはめた区域として「**歴史文化保存活用区域**」を設定し、文化財群を保存・活用するための「**保存活用（管理）計画**」を作成するという事業です。地方自治体は、これを文化財保護のマスタープランとして位置づけることで、縦割りの文化財のカテゴリを超えたまちづくりに取り組むことができます。その実現には、地域のさまざまな市民団体や活動主体との協働、行政の諸機関の連携が求められます。

　「歴史文化基本構想」のおもしろい例を挙げてみましょう。秋田県北秋田市は、米代川《よねしろがわ》中流域に広がる鷹巣《たかのす》盆地や阿仁川《あにがわ》等の河川の流域は農村地帯が広がり、東部の山間地は秋田杉の産地として、またマタギの伝承地として知られています。かつては鉱山も盛え、舟運と街道によって交通面でも有利な地域でした。

　北秋田市は「歴史文化基本構想」のなかで8つの関連文化財群を設定していますが、その1つが、「マタギ・山間集落関連文化財群」です。有数の豪雪地帯であるこの地域の山間部の集落では、周囲の山々からの採集活動による生業と、固雪《かたゆき》により山域行動が容易になる利点を活かしたマタギの伝統狩猟が育まれたというストーリーのもと、国の無形民俗文化財「根子番楽《ねっこばんがく》」、県指定有形民俗文化財「阿仁マタギ用具」と未指定の地域の行事や景観、アイヌ語地名、マタギの狩猟技術や調理法、口頭伝承などが「関連文化財群」に含まれています。

　もう1つの例として、奄美群島に位置する宇検村《うけんそん》・伊仙《いせん》町《ちょう》・奄美市の「歴史文化基本構想」は、歴史遺産と生活遺産という区分けを設定してそれぞれに7件のストーリーが策定されました。そのなかでもおもしろいのが、「シマンチュの精神を伝える「ケンムン」伝承」です。ケンムンとは、人々に語り継がれてきた奄美固有の小妖怪で、人間社会と自然界との境界域に現れるとされています。ケンムンの出現する空間を、人と自然とのかかわりと奄美の精神文化を伝える遺産であるとして、50か所以上のケンムンが出そうな森や聖地が選ばれています。指定文化財は含まれていなくても、〝わたしたち〟にとって大切にしたいものをストーリーづけて挙げていくことができるのが、「関連文化財群」のおもしろいところです。このケンムンを活かした取り組み方針では、「地域の人々が自分の生まれ育ったシマで見送られるような介護のあり方と、ケンムンに代表される自然と人間の共生により育まれてきた生活文化の継承の仕組みを融合させ」るとしています。

　また、「現在遊休農地になっている田んぼの復活や、屋敷のアタリ（庭）の小規模農地としての再活用、空き家の再生、里山利用の復活等により、本来の自然と共生したシマの生活形態を再生させ」ることによって推める「多様な自然と文化と介護（多機能型）の融合による新しい集落づくり」について述べられています。口頭伝承を軸に、地域開発、自然保護、教育、福祉といったまちづくりの諸側面を統合していこうとする発想は、どう実現できるのかは置くとしても、文化財の活用の可能性を感じさせるものです。

　このストーリーは、文化や歴史に関心をもつ人ならだれでもとても楽しみながら文化財について考えることができ、地域の歴史に親しむワークショップにも活かせるでしょう。

試しに、ここでわたしも2つほどストーリーを考えてみました。ひとつは既存の文化財を盛り込んでつなげるやり方で考えたもので、もうひとつは文化財の価値付けのなかでは上がってこないような内容をもとに考えたものです。みなさんも、身近な地域でひとつ作ってみてはいかがでしょうか。

ストーリー①　**学都：仙台と外国人教師のおもかげ**

仙台における教育の淵源は、仙台藩が設置した藩校養《よう》賢堂《けんどう》にさかのぼることができる。養賢堂の建物は明治期に宮城県庁として使われ戦災で焼失したが、泰心院《たいしんいん》山門として移築された養賢堂正門は戦災を免れ、貴重な遺構となっている。

明治維新以降、仙台は東北地方の近代的な高等教育の拠点とみなされ、第3番目の帝国大学である東北帝国大学も設置されたことで、〝学都〟としての発展を遂げてきた。私立学校も多く設置されたのは、東北地方のキリスト教布教の要でもあったためである。そこには、多くの外国人教師の活躍があり、現在もそのおもかげを偲ぶことができる。

明治期には、尚絅学院（現尚絅学院大学）や、仙台神学校（現東北学院）および宮城女学校（現宮城学院）、仙台女学校（現仙台白百合学園）、新島襄が設置に関わった東華学校（現仙台一校）などのミッションスクール、旧制第二高等学校（現東北大学）、宮城女子師範学校（現宮城教育大学）などの公立学校には多くの外国人教師が雇われ、近代教育の礎を築いた。こうした学校に関する記念碑が仙台市街に点在する。また、三島学園（現東北生活文化大学）や朴澤学園（現明成高等学校）など、女子教育の面でも先進的であった。

加えて、戦前の仙台には国立工芸指導所が設置され、かのブルーノ・タウトもデザインの指導にあたった。この後継施設の関連資料は東北歴史博物館が所蔵しているが、ここで考案された技術が現在の玉虫塗《たまむしぬり》の基礎となっている。

川を臨む景観が外国人の好む自然観に適ったため、米ヶ袋《こめがふくろ》近辺の蛇行する広瀬川を見下ろす地には、宣教師館が何棟も立っていた。現存するデフォレスト館（東北学院旧宣教師館）は往時を偲ばせる。広瀬川では、現在も花火大会をはじめとする、さまざまな年中行事やイベントの場であり、都市に癒しを与える存在となっている。

外国人教師は、アイススケートをはじめとする近代スポーツももたらした。青葉城近くの五色池では、日本で最初にフィギュアスケートが教授されたことから記念碑が立っている。野球や陸上競技など、現在のスポーツ文化の基礎となる動きも外国人教師と関連が深い。

仙台は、現在でも東北随一の学都である。その歴史を「関連文化財群」として目に見える形で示すことによって、都市の新たな魅力再発見につなげていくことができるであろう。例えば、古い学校建築をめぐるツアーの開催によって、未指定の建造物の保存の機運を高めることができる。また、大正期の地図上と現在の地図を重ねることができる携帯アプリ「仙台地図さんぽ」から、明治期の学校の跡地や宣教師館の位置情報を示したり、古い絵はがき等の写真資料を読み込んで現在の風景と重ねられるようにしたりして、戦災をうける前の学都・仙台を〝見える化〟することができる。

こうした仕組みを利用した普及活動で、全国に学都・仙台をアピールすることができよう。

構成要素一覧：国の重要文化財「東北学院旧宣教師館」、国の登録文化財「泰心院山門（旧仙台藩藩校養賢堂正門）」・「旧東北学院専門部校舎、ラーハウザー記念東北学院礼拝堂、旧シュネーダー記念東北学院図書館」、未指定「東北大学片平キャンパス」・「東北学院大学土樋キャンパス」「東北学院発祥の地記念碑」・「東華学校跡地の碑」・「近代工芸発祥の地の碑」・「日本フィギュアスケート発祥の地の碑」・「旧国立工芸指導所関連資料」（東北歴史博物館）宮城県伝統的工芸品「玉虫塗」、名水百選「広瀬川」・日本の音百選「広瀬川のカジカガエルと野鳥」、イベント・仙台七夕祭

ストーリー②　仙台・牛タン遺産

仙台の名物の筆頭は牛タンである。近年は老舗牛タン焼き店の首都圏進出が目覚ましく、その知名度は高まっている。

ヨーロッパのタンシチューに学んではじめられた等とハイカラさを強調する牛タン焼き店もあるが、実際には戦後の食糧難の時代からはじまる労働者の食事であった

らしい。それを牛タン焼き発祥を標榜するT店が、その処理法から熟成法までを開発し、商品化したものが現在の牛タン焼きのもとであるという。一方、テールスープと味噌漬け青唐辛子、麦飯と牛タン焼きが定番セットとなっていき、全国にも稀な名物となっているのである。

牛タン焼きは、硬くならないよう強烈な炭火で焼く必要があるが、これが普通の焼き網であれば熱量ですぐに切れてしまう。そこで、荒物全般を製作してきた仙台の曲輪職人が太い針金で牛タン焼き専用の大型網を考案した。これは現在も手づくりであり、特殊な伝統工芸技術となっている。

牛タンの熟成技術も、食肉加工技術としては極めて特殊である。独特な軟らかさをだすために、長いものでは数十日寝かせる技術は、それぞれの店の個性ある味わいに結びついている。

また、付け合わせの味噌漬け青唐辛子は、宮城の農村部においては南蛮味噌と呼ばれる保存食の伝統をひいている。現代の感覚では田舎風の食品であるが、南蛮味噌そして青唐辛子自体は嗜好品、ちょっとした贅沢なものであった。

牛タンは日常的に家庭で食するものではない。その意味では純粋な意味での郷土食とは言えないかもしれない。しかし、来客時や何か特別なことがあると、牛タン焼き店に出向いて食べる。牛タン焼きは最初から仙台を代表する食として、他者との関係の中にある食事なのである。郷土食の母体であった家庭の食は、すでにその継承機能を失ったと言われて久しい。名物化された観光の食として、また仲間うちでのごちそうという形で浸透する牛タン焼きは、まさに現代的な郷土食のありかたを呈している。

こうした牛タン焼きにはぐくまれた食品加工技術、調理用具の生産技術、食文化、観光文化の総体を、仙台・牛タン遺産として認定する。

構成要素一覧：「牛タン焼き専門各店の食品加工技術」・「牛タン焼き網の生産技術」・「牛タン焼きをめぐる食文化」

2 文化財保護とまちづくり

保存と活用のジレンマとナショナリズム批判

「歴史文化基本構想」にもとづくまちづくりを具体化するために行われるのが「歴史的風致維持向上計画」の認定です。これは２００８（平成20）年に施行された**歴史まちづくり法**（「地域における歴史的風致の維持及び向上に関する法律」）に位置づけられているもので、市町村が策定した「歴史的風致維持向上計画」を国が認定し、それに基づく特別の措置が講じられます。歴史まちづくり法は、文化財をまちづくりの根幹に据えるものであり、「歴史的風致維持向上計画」に定める「重点区域」はそのことをはっきりと示しています。「**重点区域**」とは、文化財が所在する土地や重要伝統的建造物群保存地区を中心に設定され、まちづくりのために重点的に整備したり、文化財の保存のための工夫をしたりする区域です。

歴史文化基本構想における**ストーリーづけ**は、さらに全国的な視座で地域文化を位置付けていく「**日本遺産**」という活動へとつながっていきます。これは、地域の歴史的魅力や特色を通じて、日本文化や伝統文化を語るストーリーとして文化庁が認定するものです。ストーリーを語る上必要な有形・無形の文化財群を、海外へも発信していくことにより、地域の活性化を図ることが目的とされています。その内容は、①地域に根ざし世代を超えて受け継がれている内容であること、②歴史的魅力発信のための明確なテーマを設定すること、③単なる歴史や文化財の説明になっていないことが重視され、単一の市町村内でストーリーが完結する**地域型**と、複数の市町村にまたがってストーリーが展開する**シリアル型**とがあります。「日本遺産」は毎年増えていて、文化財保護行政のなかでも力の入った活動となっています。

例えば、２０１６年に認定された宮城県の「政宗が育んだ〝伊達〟な文化」は、仙台藩を築いた伊達政宗が、戦国武将としてだけでなく秀れた文化人として、文化的に都にひけを取らない杜の都の礎を築いた点、伊達家の伝統的な

“伊達な文化”の１つ国宝「瑞巌《ずいがん》寺庫裏《じくり》」

文化、桃山文化の影響を受けた豪華絢爛さ、政宗の個性ともいうべき意表を突く粋な斬新さ、海外の文化に触発された国際性によって〃伊達〃な文化を華開かせていった点などをストーリーとしたものです。

その構成文化財には、特別史跡「多賀城跡附寺跡《たがじょうあとつけたりてらあと》」、国史跡「仙台城跡」、国名勝「おくのほそ道の景観地」、国宝「大崎八幡宮」「瑞巌寺」、重要文化財「黒漆五枚胴具足《くろうるしごまいどうぐそく》兜《かぶと》・小具足《こぐそく》付《つき》（伊達政宗所用）」、国宝／ユネスコ世界の記憶「慶長遣欧使節関係資料」、重要無形民俗文化財／ユネスコ無形文化遺産「秋保の田植踊り」、国の無形文化財「仙台平《せんだいひら》」、国の伝統的工芸品「仙台箪笥《せんだいだんす》」など50件の文化財等が含まれています。

「政宗が育んだ〃伊達〃な文化」は、仙台市内各所、塩竈市、多賀城市、宮城郡松島町のシリアル型での認定です。それぞれのものをバラバラに活用するのでなく、「政宗が育んだ〃伊達〃な文化」の文脈に位置付けることで、その価値がよりわかりやすいものとなっています。

このように、文化財を積極的に活用していこうという方向性は、いくつかの法令によって決定的なものとなっています。

例えば、1992（平成4）年に公布された**お祭り法**（「地域伝統芸能等を活用した行事の実施による観光及び特定地域商工業の振興に関する法律」）は、地域の祭りや民俗行事、民俗芸能を観光資源として活用することを求めるものです。

文化財を活用することとそのものは、保存とのバランスを考慮しつつ、推進すべきものであると思います。しかし、こうした状況に対する危機感についても議論されてきました。社会と学問とのかかわりや文化財について批判的に論じてきた民俗学者の岩本通弥は、研究者と行政担当者等が、文化財に対して本質主義的な文化概念に囚われた視点に立っていることを指摘しています。

民俗や文化には、起源や不変の本質などは本来的に存在せず、それへの見方や価値付け、歴史的な存在意義は、時代の流れとともに変化しながら構築されてきたものです。こうした見方を**構築主義**といいます。こうした立場から見るとき、ある祭りや芸能を無形民俗文化財に指定するときに、特定の時代や地域、そして特定の人々（保存団体）に固定し、そのかたちを変えずに維持することで守ろうとする文化財保護制度は、本来変化していく文化の営みを阻害するばかりか、〝こうあらねばならぬ〟という正統なかたちを新しく作り出してしまい、非常にいびつさを持っていることに気づきます。

さらに、そうした本質主義的な文化を、日本文化の代表として示したり、諸文化との違いを主張したりするような局面では、日本の文化財保護制度とその活用のためのさまざまな枠組みは、単なる制度的批判を超えて文化ナショナリズム批判の対象ともなっていきます。岩本は、その法制度を支える学問的な言説と表象を問題としていますが、一方でこうした制度自体が「伝統」や「本質」を創造していく現代社会の矛盾について、鋭く批評を加えており、多くのことを考えさせられます。

文化財保護と活用、そして観光資源化という問題は、わかりやすいストーリーや文脈を必要とします。それは本質主義、すなわち日本文化にはもともとある不変の性格があって、文化財がそれを体現していたり、その特質を保持していたりすることを、疑いないものとして認める言説に容易に通じてしまう可能性があります。

ただその本質主義批判も、文化は時代とともに形成されるもので変化し続けるものであるという構築主義の立場が仮想敵として作り出した言説であるという批判もあり、複雑な様相を呈してしまいます。その論争には、いまのところ着地点を見出せそうにありませんが、現代社会は文化が観光などの経済的論理で使われる時代であり、文化が金を生む時代であることは、眼前の事実です。こうした動向をつぶさに見つめていきながら問いを立てていくようなまなざしを持ちたいものです。

文化財保護制度の転換期

２０１９年4月、文化財保護法の改正案が施行されます。これについて、２０１７年8月、文化財保護法の改正についての記事が、新聞各紙に踊りました。その大まかな内容を要約すると、①訪日外国人旅行者の大幅増や、地方創生という政府の方針にしたがい、文化財の活用に力を入れる、②そのために、市町村に中長期的な文化財活用を含む基本計画を作成させる、③国の認定を受けることを条件に、指定文化財の改修や現状変更を許可する権限を文化庁から市町村に移譲する、④国宝や重要文化財の公開日数等の規制を緩和する、といったものです。

そもそもの発端は、２０１５年度末に採択された「明日の日本を支える観光ビジョン――世界が訪れたくなる日本へ」のなかで観光を日本の成長戦略と地方創生の大きな柱と位置づけ、次の３つの視点からの改革が求められたのです。

１つ目は、「『とっておいた文化財』を『とっておきの文化財』に」をスローガンとして、文化財の保存優先の立場を、観光客目線での理解促進と活用を優先させる立場への転換をはかる視点です。２つ目は、文化財の保存・活用と経済の好循環を進める地域拠点を形成すること、３つ目は、インバウンド（外国人旅行客）の拡大を念頭に置いた国際発信の強化で、文化資源の活用による経済波及効果の拡大を目指すというものです。

２０１７年４月、当時の山本幸三地方創生大臣が講演で「一番がんなのは学芸員。普通の観光マインドが全くない。この連中を一掃しないと」などと発言し、その後謝罪をするということがあり、社会に波紋をもたらしました。

これにわたしを含む全国の学芸員は憤ると同時に、自分たちの仕事の重要性を社会にもっと発信しようと、ＳＮＳ上に「#学芸員のおしごと」とつけて投稿しあうなどの動きにもつながりました。

マス・メディアは一様に大臣の博物館への理解の稚拙さといった個人の資質に焦点をあてた報道が多かったと、わたしは記憶しています。しかしその後、文化財保護法の改正について発表がなされました。大臣の突飛な発言の背景に、前述の「明日の日本を支える観光ビジョン」の政府の方針があり、それが文化財保護制度そのものの転換にまで至ることになるとは、多くの学芸員や現場の文化財担当者は考えが及んでいなかったことに、ハタと気付いて愕然としました。

文化財保護法の改正について、岩手日報は、８月21日の論説で「文化財保護法改正　問われる「活用」の内実」と題して大きく報じました。そのなかでは「専門的な知見を反映しないまま、観光客が喜びそうな改修や復元建物が各地で相次ぐようなことになれば、文化財の価値を損ねる上に、日本文化の魅力そのものが傷つけられる」として、活用一辺倒にならないように制度設計すべきと主張しているように、危機感が広がっています。

文化財保護法改正について、文化庁は「文化審議会文化財分科会企画調査会中間まとめに関する意見募集」という、**パブリック・コメント**を２０１７年８月31日〜９月29日まで募集しました。これを機会に、わたしは大学生たちとこの問題について東北学院大学文学部３年生対象の担当講義「博物館展示論」においてディスカッションを行い、その内容をパブリック・コメントとして提出することにしました。

議論では、改正に向けた「中間まとめ」の内容と新聞各紙の論説等を配布したうえで、文化財は活用すべきであると同時に保護すべきであるというジレンマがあることをまず共有しました。そのうえで60名の学生を「活用推進派」と「保護重視派」のふたつの立場に無作為に二分し、それぞれのスタンスから推進の効果と保存上の弊害について問題を考えるロールプレイ形式のディスカッションを行ったのです。

まず、「活用推進派」からの見方では、文化財を公開することが外国人観光客増加や満足度向上に直結するとしている安直を指摘しました。たしかに文化遺産や美術作品の魅力は、さまざまなメディアを通じて共有され、共感が広がることで、リピーターやフォロアーを生み出しており、そうした効果は現代においては測り知れません。しかし、文化財をより公開しただけで経済発展に結びつくものではなく、とくに東北に代表されるような、地方の実情に対する想像力に欠けているという意見です。

地方において観光の発展を妨げているのは、交通の未整備、農林漁業や地場産業の低迷、情報化の遅れ、人材不足など、種々の要因が絡み合っています。文化財の保護よりも公開を優先とするのは、必要なインフラが充実されなければ効果に結びつかないのではないか、「中間まとめ」はこうした意味でバランスを欠いているのではないかというのが、「活用推進派」からの問題提起でした。

一方、学芸員等の専門職の社会的役割は現在よりも拡張すべきで、具体的には異分野交流や他業種との協業など、コミュニケーション能力がこれまで以上に求められるという意見もありました。

これに対し「保護重視派」からの見方は、この改正によって本当に外国人観光客増加に結びつくのかは、まったくイメージができず、さらにテレビのワイドショーなどでは、アジアからの観光客によるマナーの悪さやゴミ問題、施設の毀損《きそん》などが盛んに報じられており、こうした状況が拡散していくイメージしか持てず、こと文化財等においては、保存はもちろん、意味ある普及活動においても支障が出ることが容易に想像できるというものでした。また、「中間まとめ」は外国人観光客等にターゲットがあり、外貨獲得のために文化財を公開ありきにするというのは、市民のニーズとのズレを感じるという感想もありました。公開促進において大切にすべきは、地域住民が文化財等に親しむ機会が増えたり、それをもとに市民活動が活発化したりといったことにあるのではないかという意見です。

　加えて、「中間まとめ」の方向性においては、見た目重視、分かりやすさ重視の傾向になり、ある種のテーマパーク化が促されるだろうというのが、両派の共通した見方でした。例えば、仙台＝伊達政宗といったイメージです。日本遺産で「伊達文化」に注目が集まるのは良いことですが、それ以外の時代や、小さな物語は等閑に伏されてしまう可能性があります。大河ドラマや博覧会をみればわかるように、作り出した流行は必ず廃れるものであり、それは本当の意味で文化財の魅力を伝えたことになっているのか、疑問が残ります。

　最後に、議論を終えたあとで、ロールプレイでの立場に関わらず、文化財保護法改正は「好機到来」か「時期尚早」かのアンケートを行った結果、全学生60名中「好機到来」は25名「時期尚早」は35名となり、一様に迷いながら回答している様子でした。保存と活用のジレンマという問題の複雑さが、この迷いに現れているとわたしは実感しました。

　日本の文化財保護制度は、成立して以来もっとも大きな転換点に差しかかっており、現場の学芸員のみならず文化に関心を寄せるすべての人々が、そうした現状認識に立って保護と活用に向き合っていくことが求められています。

▼この章をより深く知るための参考文献

中村賢二郎『**わかりやすい文化財保護制度の解説**』ぎょうせい　2007年

垣内恵美子編著『**文化財の価値を評価する　―景観・観光・まちづくり―**』水曜社　2011年

岩本通弥編『**ふるさと資源化と民俗学**』吉川弘文館　2007年

第7章

眼前の風景に見出す意味

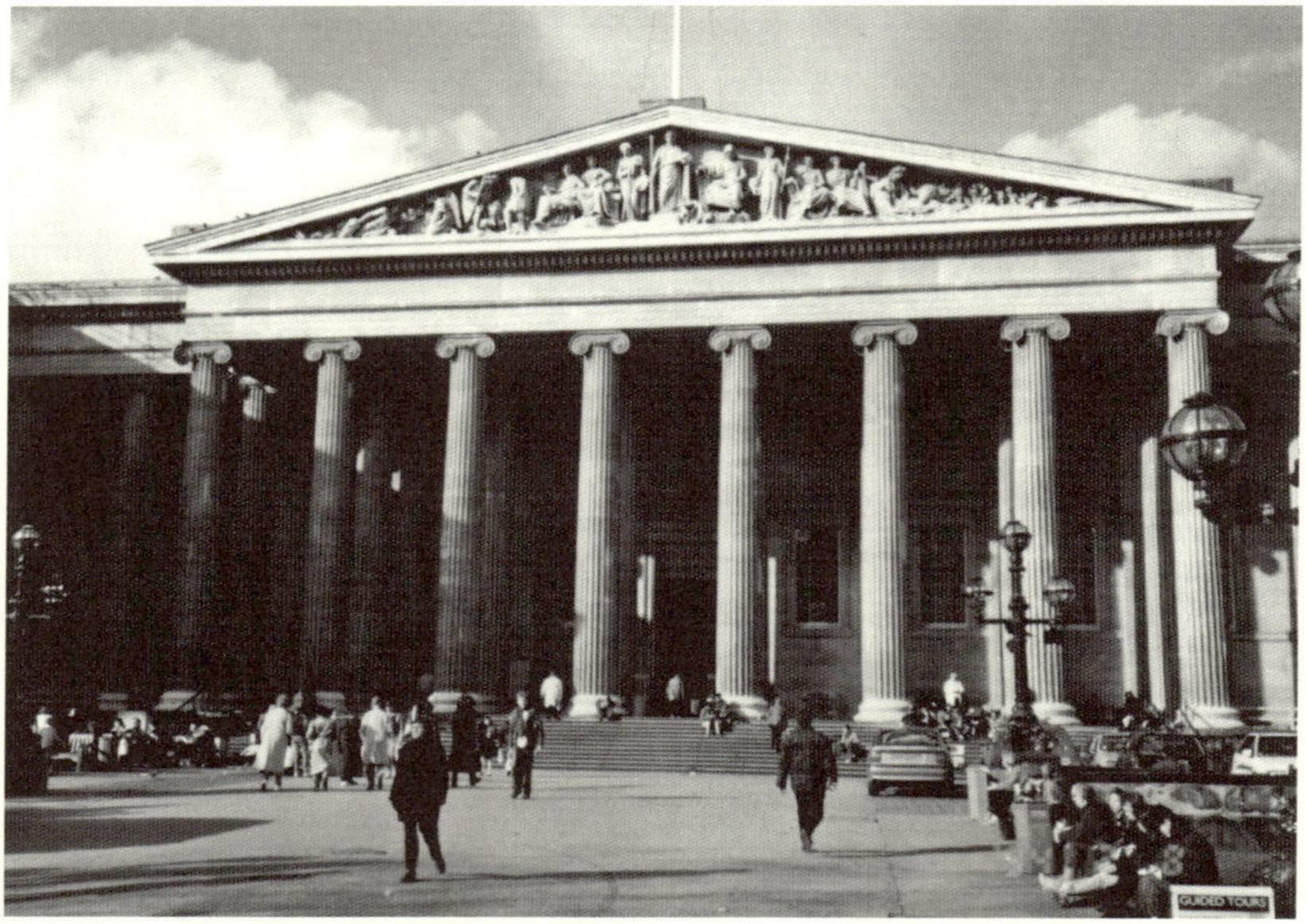

大英博物館

“ずらし”の視角

風景としての見栄え

⬇

物語へのオマージュ

1

土地に刻まれた文化財

不動産の文化財と名勝のカテゴリ

日本の文化財保護制度には、有形の文化財と無形の文化財があります。このうち有形の文化財は、さらに**動産**の文化財と**不動産**の文化財に分けることができます。動産の文化財は寺の仏像や博物館のコレクション、歴史資料、美術作品などがあたりますが、一方の不動産の文化財、つまり動かすことができない文化財には、有形文化財のなかの**建造物**と**記念物**、**文化的景観**があります。

このうち、いわば土地に刻まれた文化財が、**記念物**に含まれる**史跡・名勝・天然記念物**です（ただし天然記念物の動物は不動産ではない）。記念物という言葉は、一般には耳馴染みのない言葉かもしれません。文化財保護法では、記念物の対象を以下のように位置付けています。

- 貝塚、古墳、都城跡、城跡旧宅等の遺跡で我が国にとって歴史上または学術上価値の高いもの
- 庭園、橋梁、峡谷、海浜、山岳等の名勝地で我が国にとって芸術上または鑑賞上価値の高いもの
- 動物、植物及び地質鉱物で我が国にとって学術上価値の高いもの

そして、有形文化財と同様、記念物も2段階の保護、すなわち特に重要なものについて「特別」をつけて、**特別史跡**、**特別名勝**、**特別天然記念物**に指定して保護する体制を整備しています。記念物のうち、名勝は文化財保護法において「庭園、橋梁、峡谷、海浜、山岳その他の名勝地で我が国にとって芸術上又は観賞上の価値の高いもの」と定義されています。その内容は、自然に由来するものと人文的なものの混合から価値づけられるという特徴があります。良い景観をもつ場所や、奇岩、滝、花や紅葉などの名所などは、自然に由来するものではありますが、しかしそこに風光明媚、白砂青松、幽玄といった価値づけをする言葉は人文的なものに由来しています。それらは、日本人の美意識や宗教観、自然観といった文化と結びついていま

す。また庭園などに代表される、美意識を人の手でかたちあるものにし、芸術の域にまで昇華させたものは、まさに自然と人文の融合の結果です。

　文化財としてこうした景観を保護していく考え方は、ヨーロッパにおける自然風景の保護の思想や国立公園など、さまざまな考え方を日本にあったかたちで制度化してきたものです。もともと１９１９年に施行された**史蹟名勝天然紀念物保存法**において、「風致景観の優秀な土地」、「名所的な土地」の保護を目的とする法整備がなされましたが、こうしたものが国民的な関心を呼ぶのは昭和初期です。この時期、国立公園法が１９３１（昭和６）年に制定されますが、その背景には名所旧跡の保護と国民の健康増進、観光開発などがあります。

　また、それより少し前の１９２７（昭和２）年には、新聞社の呼びかけによって「**日本新八景**」が選ばれました。国民からハガキで投票を募りカテゴリごとに上位10位までに入ったものの中から、当時の文化人が最終的に決定するというかたちで、選定は進められました。

　その「日本新八景」は、海岸として「室戸岬」（田山花袋の選）、湖沼として「十和田湖」（泉鏡花の選）、山岳として「雲仙岳」（菊池幽芳の選）、河川として「木曽川」（北原白秋の選）、渓谷として「上高地」（吉田絃二郎の選）、瀑布として「華厳滝」（幸田露伴の選）、温泉として「別府温泉」（高浜虚子の選）、平原「狩勝峠」（河東碧梧桐の選）が「日本新八景」となったのですが、この選考自体に当時の鉄道省が後援となっていたことから、観光開発と深い結びつきのなかで進められたことがうかがわれます。

　名勝の保護制度は、１９５０年制定の文化財保護法に引き継がれ、学術的な調査研究にもとづく客観性を獲得していきました。

　近年、名勝の指定に新しい動きがみられます。それは複数の場所をストーリーによって結びつけることで価値づけする方式です。その一例として、和歌山県の「南方曼荼羅《みなかたまんだら》の風景地」があります。南方熊楠の人生について触れながら、こうした名勝の意義について考えてみたいと思います。

2 〝まなざし〟によって見出す景勝地

南方熊楠が生きた研究とフィールドワークの人生

明治から昭和前期に、世界をまたにかけて活躍した南方《みなかた》熊楠《くまぐす》（１８６７～１９４１年）。柳田國男をして「日本人の可能性の極限かとも思ひ、又時としては更にそれよりもなほ一つ向ふかと思ふことさへある」と言わしめ、今なお〝巨人〟と称される博物学者です。南方熊楠という才能を開花させたのは、ミュージアムでした。あらゆる分野の書物や、世界中の様々なモノが集積され、市民に開かれた公共空間であった大英博物館のようなミュージアムは、当時の日本には存在しませんでした。彼がロンドン時代、大英博物館やビクトリア・アンド・アルバート博物館で研究を深めたことは、自伝として読まれている『履歴書』という文章にも著されています。

大英博物館に入り思ふままに学問上の便宜を得たる事は今日といえどもその例なき事と存じ候。大英博物館にては主として考古学、人類学及宗教部に出入りし、只今も同部長たる、サー・チャーレス・ヘルチュルス・リード氏を助け、又殊に東洋図書頭サー・ロバート・ダグラスと余汝《われなんじ》の交りをなし、古今図書修正などは縦覧禁止なりしも小生に限り自在に持ち出しを許されたり。此大英博物館に凡そ六年ばかり居りし。

南方熊楠は明治元年の前年に和歌山市の金物屋に生れました。南方家は代々藤白神社（海南市）に命名してもらうのが通例だそうで、「藤」（藤白）、「熊」（熊野）、「楠」（境内の神木）のいずれかを入れていました。熊楠はとりわけ体が弱く、癲癇を患うなど健康には苦労をした人です。元気な子になるようにと３文字のうち２文字

南方熊楠
南方熊楠顕彰館蔵（田辺市）

を入れてもらって熊楠となったと書いています。幼少の頃から『和漢三才図会』を読破して抜書し、同時に植物採集に山に入るなど、生涯を通じて絶えず続けた抜書とフィールドワークに研究の基礎をおく独自の研究スタイルは、すでにこの頃に確立していました。

16歳、東京大学に入学するため上京します。熊楠が入った東大予備門は、正岡子規や夏目漱石、司馬遼太郎の『坂の上の雲』に登場する軍人、秋山真之らも当時学んでいました。ただ、学問は好きだが学校は嫌いという熊楠のこと、ほとんど学校へ行かず、落第して和歌山へ帰ってきます。しかし血気盛んな若者であった熊楠は、一旗上げんとアメリカ留学を決意し、周囲の反対にもかかわらず、最後は父を説得して渡米します。しかしそのアメリカでも、居心地の良い学校はなく、商科大学や農学校に通うものの、結局すぐにやめてしまいました。19世紀後半のアメリカでは、東洋人への差別も激しく、熊楠も暴行事件を起こして結局学校を追われてしまうのです。

アメリカ大陸には未知の可能性を秘めた植物採集のフィールドがあることを知っていた熊楠は、フロリダ方面に菌類の採集に出て行きます。フロリダから西インド諸島への採集旅行は、サーカス団と行動をともにしていたそうですが、わたしはこれは非常に良い所に目をつけたと思います。

当時のアメリカ大陸では、サーカス団は国境をまたいだ移動にも厳しい制限がなく、しかも仕事があり、安全に移動できたと聞きます。熊楠の本来の目的はフィールドワークでしたので、移動の先々での標本採集において、非常に有利な条件を持っていたわけです。しかしこれも偶然ではなく、そういった情報を現地で常に得ていたのだと思います。渡米そのものにも、行った先で面倒を見てくれる人があり、生活の見通しもあらかじめある程度持っていたと思います。ただ闇雲に飛び出したわけではありません。和歌山県は移民県ですし、カナダへの移民輩出地で〝アメリカ村〟と通称される漁村もあります。海外では、かなりの和歌山県民が成功していましたし、出て行く際に多くの情報があったはずです。熊楠の海外での活動も、そうした当時の移民を取り巻く状況と無関係ではないのではないでしょうか。

熊楠は、当時お世話になっていた中国人が帰国することもあってアメリカ滞在が困難となり、イギリスに渡りました。イギリスでは到着直後に父の死を知ります。しかしもう帰ることはないと決心していたのか、帰ったらもう再び出国できないと悟ったのか、熊楠は日本へ帰らず、ロンドンで勉強を続けます。幸運にも人の紹介で大英博物館に出入りし、多くの研究雑誌に投稿し、現地でも一目置かれる存在となっていきました。しかし結局いろいろな事件に巻き込まれたり、日本からの送金が途絶えがちとなったりして、1900年日本に帰ってきます。大英博物館での研究の蓄積ともいえる「ロンドン抜書」は、1万ページ以上もの規模におよびます。ちなみに熊楠と入れ違いに夏目漱石が渡英しています。漱石はその後、精神的に支障をきたして帰国することになるわけですが、気負いなく真っ向勝負の熊楠と対照的で面白いと思います。

イギリスから帰国した熊楠は、ボロボロの服に抜書ノートと標本箱しか持っていないという有様で、迎えにきた弟の常楠も、そのまま和歌山へ帰れないと泉南地域のお寺に預けてしまいました。しかし、そこでも長く居られず、結局和歌山の弟宅に居候します。でもそこも居心地が悪く、結局弟の経営していた酒造会社の和歌山県東牟婁郡《ひがしむろぐん》の支店に行くことになりました。熊楠にとって、紀南行きは願ってもないことだったと思います。那智周辺を中心に熊野の山中でフィールドワークに明け暮れ、多くの発見・記録をしています。

この時期の熊楠の研究活動について、わたし自身が少し思っていることがあります。わたしはこれまで15年にわたって熊野の山村で民俗調査を進めてきました。熊楠が熊野でフィールドワークをしていた20世紀初頭、熊野の山林の状況は、まさに歴史的に例のない規模で天然林の伐採が進み、広大な森林が人工林に造林されていった**開発の時代**でした。近世は紀州藩が、災害防止などを目的に森林保護政策をとり、今風にいえば持続的利用によって熊野の自然を守ってきたのです。しかし明治以降は乱伐《らんばつ》が進み、明治中期以降も県外の民間資本による大規模伐採が進んでいきました。熊楠はまさにそうした時期に、熊野の山々を歩いていたことになります。

すなわち、熊野の豊かな自然環境をフィールドワークで明らかにしながらも、その過程で多くの**自然破壊**を目の当たりにしていたわけです。そのギャップを目にしたこの時代のフィールドワークは、後の神社合祀反対運動へと、確実につながっていると思います。

結局友人の助けもあって、熊楠は田辺に落ち着きます。田辺ではこの地域最大の神社、闘鶏《とうけい》神社の娘・松枝さんと結婚し、弟に出資してもらって家も手に入れます。研究心もますます精鋭化し、英文の論文をイギリスの雑誌に投稿し続けます。署名には**tanabe , kii , Japan**と記すことが多かったようで、わたしはここに地域から出発して普遍的なものへと展開していこうという意思を感じます。各地へ採集旅行にも出かけ、近所で聞いた話なども資料として民俗学的な著述も増えていきます。各界の一流の人々とも、書簡のやり取りを通じて交流します。

柳田國男との膨大な議論の往復書簡は有名で、柳田の学問に計り知れない影響と刺激を与えました。また神社合祀反対運動に奔走するのも、この田辺時代のことです。最大の晴れ舞台は昭和天皇を田辺湾の神島に案内し、御前講義したことでしょう。

臨終の日まで過ごした南方熊楠旧居を訪ねると、熊楠にまつわる様々なエピソードにあふれています。庭全体が実験場であり、新種の粘菌《ねんきん》を発見したカキの木が今も実をつけ、庭は菌類があるからとあまり掃除をさせず、巨大なクスノキのおかげで母屋から書斎へは傘をささずに行けたそうです。臨終の床で幻に見たという紫の花は、今も庭に生えているセンダンの木だといわれています。

南方熊楠の顕彰と追体験

旧居に隣接して田辺市が設置した**南方熊楠顕彰館**は、現在熊楠研究のメッカとなっています。熊楠の遺族が、蔵書や関係資料と旧居を、田辺市に寄贈し、アーカイヴとして公開されているのです。この顕彰館がオープンに至る素地となったものの1つは、1987年にできた南方熊楠顕彰会や南方熊楠資料研究会など、田辺市民を中心としたいくつかの団体やサークルの諸活動です。これには多くの研究者が参画し、まさに多角的に熊楠の目指したものを明らかにしつつあります。とくに、「抜書」の解読は困難な事業です。熊楠のノートは独特の崩し字に、英語、ドイツ語、ラテン語（そして和歌山弁？）が混じり、書く方向も上から、横から、斜めからと、実に変幻自在です。現在、「抜書」の翻刻、刊行作業が進められていますが、これが研究者と市民が手を携えて進めているところは、他に例を見ない点です。

南方熊楠顕彰館は、展示している資料はわずかで、一般的な博物館をイメージして訪れると拍子抜けしてしまうかもしれません。しかし、市民が南方熊楠研究を通じて地域学習や創造的な活動に向かう姿は、ある意味で地域博物館の理想を体現しています。

熊野地域では、熊楠の足跡は至る所に残っています。熊楠が山中を駆け回って植物や粘菌類の標本採集をした那智山周辺、銭湯や料亭で地域の人々と交わりながら聞書きを進めていった田辺市街、神社合祀反対運動で辛うじて残された継桜王子社《つぎざくらおうじしゃ》境内の野中の一方杉、昭和天皇に植物の御進講を行った田辺湾に浮かぶ神島——。

継桜王子社の「野中の一方杉」

農村の小さな神社も、熊楠にとっては**研究のフィールド**でした。例えば、西牟婁郡上富田町《にしむろぐんかみとんだちょう》岡にある田中神社には、オカフジがうねるように社叢をはっています。このオカフジは、普通のフジよりも花が短く、独特な種だというので、南方熊楠が名づけたものです。有名な植物学者・牧野富太郎はこれにヤマフジという名をつけていたのに対し、熊楠は日本の本草学の書物にオカフジとあり、ちょうど見つかった場所も〝岡〟という集落の神社だから、オカフジがいいじゃないかと論争しています。熊楠は、田中神社は次のような点ですぐれたフィールドだといいます。「風景美観」、「紫藤《ふじ》の優美なること」、「松葉蘭発生研究に最好」、「古社にはオリエンテーション（方位）を正しく立てたる事証ある論も、この田中神社を手掛りとして着手しえた」などです。

熊楠が残した標本や「抜書」からは、膨大な資料・情報を蓄積、整理、分析することで、森羅万象をとらえることができるという信念を読み取ることができます。これはミュージアムが持つ思想とも合致するものです。

また、身近な場所から、ヨーロッパの学界に向けて問題を投げかける熊楠の学問から、私たちは**ローカルな問題意識からグローバルな問題を問う**フィールドワークの原点を見ることができます。南方熊楠の足跡を追ってみると、ミュージアムとフィールドワークが持つ可能性を、改めて認識させられます。

近年、南方熊楠の顕彰において、たいへん大きな出来事がありました。それは、２０１５年に、紀伊半島南部に点在する森や島が一括で「南方曼陀羅の風景地」として国の名勝に文化財指定されたことです。

国指定名勝「**南方曼陀羅の風景地**」は、神島、闘鶏神社、須佐神社、伊作田稲荷神社、継桜王子、高原熊野神社、奇絶峡、龍神山、八上神社、田中神社、九龍島、金刀比羅神社、天神崎の13か所で構成されます。市町村としても、和歌山県田辺市を中心に複数の市町にわたり、名勝の指定の仕方としては画期的なものといえます。

この背景には、南方熊楠に対する近代日本の環境保護運動に先駆的な役割、とくに明治時代末から大正時代に推進された神社合祀政策に対する反対運動を展開したという功績についての再評価があります。

熊楠は熊野地方をフィールドに、植物研究や標本採集、粘菌類の研究のなかで、「エコロギー」、すなわち人間の活動と自然の営み、動植物相互の関係性とそのバランスを重視しました。そして、細分化されていくヨーロッパの学問分野の状況に対して、生活文化や民俗の研究と、動植物等の研究、思想、哲学、宗教を統合する視点、アジア的視点の重要性を主張し、それを図にして南方曼荼羅を構想しました。そうした考え方をもとに、研究と社会との接点から展開されたのが**神社合祀反対運動**でした。

神社合祀政策においては、単に社殿を統合するということではなく、それぞれのむらの鎮守の森を伐採していくことが前提でした。当時の山地は、広範な人工林化が進んでいましたが、一方で鎮守の森は人々の手によって大切に守られてきたことによって、原生林に近い天然林や幹の太い立派な樹木が林立していました。熊楠にとって鎮守の森は、庶民の共同体の営みと信仰という**人文学的な要素**と、動植物の関わり合いによって営まれる**自然科学的な要素**が、渾然一体となったまさに曼荼羅そのものでした。それを重要な研究対象とし、またその営みに対する深い敬意も持っていた熊楠にとって、目先の開発と利益に基づいた神社合祀政策は、許し難いものだったのです。

熊楠は、柳田國男とのあいだでこれについて熱く論争し、協力を呼びかけました。１９１１年、柳田國男は熊楠との往復書簡を印刷して『南方二書《みなかたにしょ》』として配布します。最終的に政府の方針を変更させることに成功し、熊野地域で熊楠が保護を呼びかけた37か所の神社の鎮守の森や景勝地、無人島などのうち、25か所が守られ、現在でも地域住民等によって大切に守られています。

　名勝として国の文化財に指定された「南方曼荼羅の風景地」は、南方熊楠のまなざしと、環境保護のための実践によって見出された価値によって、景勝地として見出されたものといえます。むらの氏神の森や、小さな離島から構成されているため、ひとつひとつは、必ずしも絶景や勝景、美観という形容詞がつくものではないかもしれません。しかしそれらをつなぎ合わせる文脈からみていくと、現代を生きるわたしたちに多くのことを考えさせる内容となっています。いわば**〝まなざし〟によって作り出す景勝地**だといえます。

ストーリーで価値づける名勝

　こうした名勝は、近年の1つの傾向として注目すべき動きのなかにあります。「南方曼荼羅の風景地」のような、〝まなざし〟によって作り出す景勝地は今後も増えていくことが予想されます。

　第4章のアイヌ文化のところで紹介した国指定名勝「ピリカノカ」もその1つです。これは、**アイヌに人々が、ユカラとして伝承してきた物語の舞台、**アイヌ語で命名された岩景勝地を総称して、「ピリカノカ」＝「美しい・形」として保護しようとするものです。それを構成するのは、九度山《くどさん》（クトウンヌプリ）、黄金山《こがねやま》（ピンネタイオルシペ）、神《かむ》威岬《いみさき》（カムイエトゥ）、襟裳岬《えりもみさき》（オンネエンルム）、瞰望岩《がんぼういわ》（インカルシ）、カムイチャシ、絵鞆半島《えともはんとう》外海岸、十勝幌尻岳《ぽろしりだけ》（ポロシリ）、幌尻岳（ポロシリ）、オキクルミのチャシ及びムイノカで、12市町村（名寄市・石狩市・室蘭市・帯広市・枝幸町・頓別町・えりも町・遠軽町・豊浦町・中札内村・平取町・新冠町）にわたる範囲におよび、今後も多くの景勝地が追加指定されていくことと思います。

　また、より広範囲にわたるものとして、国指定名勝「おくのほそ道の風景地」があります。これはいうまでもなく松尾芭蕉が景勝地を訪ね歩きながら俳句を詠んだ**『おくのほそ道』にゆかりのある場所**をつなぎ合わせたもので、その規模は19市町におよびます。具体的には、ガンマンガ淵《ふち》・八幡宮・殺生石《せっしょうせき》・遊行柳《ゆぎょうやなぎ》（栃木県）、黒塚の岩屋（福島県）、武隈の松・つゝじが岡及び天神の御社・木の下及び薬師堂・壺碑《つぼのいしぶみ》・興井《おきのい》・末の松山・籬《まがき》が島（宮城県）、金鶏山・

高館《たかだち》・さくら山（岩手県）、本合海《もとあいかい》・三崎《みさき》・象潟《きさがた》及び汐越《しおこし》（秋田県）、親しらず（新潟県）、有磯海《ありそうみ》（富山県）、那谷寺《なたでら》境内・道明が淵（石川県）、けいの明神（福井県）、大垣船町川湊（岐阜県）から構成されています。

宮沢賢治の作品の世界観を追体験することができるものもあります。国指定名勝「イーハトーブの風景地」です。作品に登場したり、賢治の活動が偲ばれる、鞍掛山《くらがけやま》・七つ森・狼森《おいのもり》・釜淵の滝・イギリス海岸・五輪峠《ごりんとうげ》・種山《たねやま》ヶ原がその構成要素となっています。

また、江戸時代あるいは近代に「何々八景」など、複数の景勝地をめぐる構成となっているものは、これから指定が増えていくかもしれません。すでに国指定名勝「平戸領地方八奇勝（平戸八景）」は、佐世保市内にある高巌《たかいわ》・潜《せん》龍水《りゅうすい》・石橋・大悲観《だいひかん》・巌屋宮《いわやぐら》・福石山・潮之目で構成され、国指定名勝「肥後領内名勝地」は、五郎ガ瀧・聖リ瀧・走リ水ノ瀧・建神ノ岩《たてがみのいわ》・神ノ瀬ノ岩屋を構成要素として、指定されています。「何々富士」や、「小京都」、日の出の名所なども、今後は名勝に加わっていくかもしれません。

沖縄県には、国指定名勝「アマミクヌムイ（アマミクの杜）」というものもあります。これは、今鬼神ノカナヒヤフ（テンチジアマチジ）及びこはおの御嶽（クバの御嶽）、久高コハウ森（久高のフボー御嶽）で構成されています。これは、かつての琉球王府によって編纂された歌謡集『おもろそうし』や、正史として書かれた史書『中山世鑑《ちゅうざんせいかん》』に関連するもので、**琉球開闢《かいびゃく》神話にまつわる場所**です。これらは、天から降臨したアマミクが、順番に御嶽を作り出し、琉球の国の基礎を築いたとされるもので、そうした御嶽は13か所あるとされています。文化財指定としては、景勝地としての条件が整った2か所を指定していますが、御嶽のひとつひとつを史跡として見るばかりでなく、つなぎ合わせることでイメージされる国生みの物語に思いを巡らす内容となっています。

歌枕の伝統を現代に

こうした傾向は、風景を目で楽しむだけのものとせず、イマジネーションによって脳内で再構成し味わうという、日本人ならではのまなざしの再認識につながると、わたしは期待しています。その代表的なものが**歌枕《うたまくら》**です。これは、古くから和歌に詠まれてきた風光明媚な場所が、時代のながれのなかで名所化していったもので、その場所そのものが歌枕と呼ばれます。誰かが最初にその風景に意味を見出し、さまざまな想いを詠み込んだ和歌が人々に親しまれていき、さらにその作品を踏まえ、別の人が和歌に詠み込むという、歌を介した不断のコミュニケーションから生まれるものです。

過去の誰かが心のうちに描き出した風景に共感し、それへのオマージュを込めてみずからの和歌をしたため、それを通じて風景がより意味を濃厚にしていくのが、歌枕のすばらしいところです。

前述の名勝の新傾向は、歌枕を現代に置き換え、アイヌのユカラ、琉球王府の神話、松尾芭蕉の旅、南方熊楠の思想、宮沢賢治の童話などを、現実の風景のなかに見出すことで意味づけるようなものです。

文化財保護制度に結びつけていくかは別として、こうした新しい名勝の考え方を発展させていくと、例えば、「聖地巡礼」として人気を博している文学作品やマンガ、映画に関連する場所や、歌や音楽のテーマとなった場所、アート作品や写真芸術として使われた風景、昔話や伝説、さらには都市伝説などの由来地なども、**風景からストーリーを読み出す**という意味では新たな名勝として楽しんでいくこともできるでしょう。また、**災害の痕跡**なども、景勝地として意味付けることもできるでしょう。

眼前の風景の良さだけを写真に撮り、それがきれいだと拡散し、写真としての風景に「いいね」と応答するだけでなく、風景を意味付ける物語に対するオマージュとして何を心中に抱くか、そしてその意味をどのように共有できるか、そうした想像力がいま求められているとわたしは考えています。

▼この章をより深く知るための参考文献

オギュスタン・ベルク（訳：中山元）『**風土学序説 ―文化をふたたび自然に、自然をふたたび文化に―**』筑摩書房　２００２年

清水真木『**新・風景論 ―哲学的考察―**』筑摩書房　２０１７年

後藤伸・中瀬喜陽・玉井済夫『**熊楠の森 ―神島―**』農文協　２０１１年

第8章

地域博物館の理想と現実

竹富島の集落（沖縄県八重山郡）

“ずらし”の視角

地域文化の収蔵庫

⬇

文化創造と交流の広場

1

地域博物館論と住民参加

博物館と現代社会

博物館というと、日本では歴史博物館をイメージします。しかし、**博物館法**が対象とする博物館はより広範なものを指します。わかりやすいのは、小中学校時代の各教科に博物館があると仮定してみることです。

自分の得意科目から博物館を考えてみると、何が思い浮かぶでしょうか。

社会科に対応するのは、歴史博物館、民俗博物館、遺跡博物館などの歴史系の博物館と、異文化理解を促す民族学博物館でしょう。理科に対応するものにはいろいろと挙げられます。自然史博物館、科学館、天文台、動物園、植物園、水族館などが、理系の博物館です。美術あるいは図工には、もちろん美術館がすぐに思い浮かびますが、工芸博物館やアートセンターなど、その範囲は広がります。国語には文学館、体育にはスポーツ博物館や有名選手の記念館、家庭科には服飾博物館や民家集落博物館、音楽には楽器博物館や作曲家の記念館となるでしょう。

これらすべてを博物館という名称の範疇に含めるのですが、一般的な認識はやはり狭義の歴史博物館をイメージさせます。そのため、便利な言葉としてミュージアムと総称することもあります。本書でも、広義の博物館を指す言葉として、とりあえず**ミュージアム**を用いたいと思いますが、最終的には博物館という言葉の意味を拡張して定着させていくことが必要だと思います。

ところで、現代は文化が観光資源としてフル活用され、良くも悪くも**文化資源**が地域づくりに総動員される時代です。そのため、調査研究機能を持たなかったり、コレクションを保有していなかったりする、観光施設的な性格の強い博物館も多く見られます。また、コンテンツを紹介する機能を持つものには、何でもミュージアムと名づけてしまうようなところもあります。ミュージアムはそれだけあいまいで、「便利」な言葉なのです。

博物館を博物館たらしめる最低限の条件として、次の3

つをあげることができます。**オリジナルな資料を収蔵**（飼育）していること、継続的な展示施設・設備を備えて**一般公開を目的**としていること、専属の職員による**独自な公共的運営**がなされていることです。

いいかえれば、コレクションと収蔵庫を整備し、展示室で常に市民に調査・研究成果を紹介でき、それを学芸員が担っているということになります。そのどれが欠けても博物館として不十分だといえます。ミュージアムの基本的な機能には、**調査研究・収集保管・普及活用**があります。そして、過去と現在の人間が、未来に継承したいと考えるものを、**物質的な資料**に託してそれを貯蔵していこうとする仕組みをもっています。

博物館に求められる価値は、時代とともに変化してきました。近代の博物館に要求された価値は、一点豪華主義の〝お宝〟礼賛、権力や財力の誇示、所有欲・収集欲、未知なるものへの飽くなき興味といったものでした。過去には、国家の威信と結びつき、国民統合のための拠り所となる歴史と文化を作り出していく、ナショナリズムの源泉となった時代もありました。第2次世界大戦後の博物館は、生涯学習との結びつきを強め、学術研究と地域住民とを結ぶ接点として、また学術研究の社会的存在意義を確認する場としての期待が向けられるようになりました。一方的に人々を教育、啓蒙するのではなく、よりよい社会の実現のため、**市民が主体的に学びを展開する広場**のような、そんな空間が生み出されることがミュージアムには求められるようになったのです。

地域博物館論

日本の博物館が理想とする1つのかたちは、市民にひらかれた博物館を志向する**市民参画型博物館**です。市民参画型博物館とは、伊藤寿朗が『市民のなかの博物館』（吉川弘文館、1993年）などで提唱した、いわゆる「地域博物館」論において第3世代の博物館として提示された概念を実現しようとするものです。この議論は、従来の陳列館的で静的な施設（第1世代）のイメージから脱却し、参加体験型イベントを提供する交流の場としての博物館（第2世代）をステップとし、最終的に市民が主体的に博物館にアクセスする**創造的でアクティヴな博物館**（**第3世代**）への移行を遂げるというものです。

この**第3世代博物館**が、地域博物館の当面のめざす姿とされているのですが、そこで重要なのは、**価値創造的**なコミュニケーション空間の創出、市民が自分で自分の学習を発展させていく力量、すなわち**自己教育力**の形成、さまざまな団体や組織とのパートナーシップ構築によって博物館施設と**地域住民との協働**を促すことの3つが挙げられています。現在のところ市民参画型博物館は「絵に描いた餅」といえます。当面はそれを志向して博物館活動を再編成するといった接ぎ木的なものになりますが、地域博物館の存在意義を高めるためには必要なイメージです。

こうした第3世代博物館の理想と同様、博物館を単なる知識普及の施設としてではなく住民の対話を作り出す場としてとらえなおそうという考え方があります。

1970年代初頭にダンカン・キャメロンが提示し、日本には国立民族学博物館の吉田憲司さんが広く紹介した、**フォーラムとしての博物館**というものです。これは、旧来の博物館をテンプルとしての博物館、すなわち人々が宝物を崇める神殿のような場所であったとしてその権力性を批判したうえで、これからの博物館をフォーラムとしての博物館、すなわち情報のよりどころ、交流の場となる結節点、あるいは広場のような場所として、より創造的で実践的な空間を作り出そうというものです。吉田憲司さんは、この議論を21世紀型の問題提起型博物館の構想において再評価し、現代社会に遍在するマイノリティ、貧困、環境、紛争などに端を発するさまざまな社会問題についての対話を促す装置として、博物館を転換すべきと問題提起しています。

現代の博物館に要求される役割は、人々の自己/他者認識に直接かかわる文化資源を、文化を認め合うための理解と平和の希求に資するかたちで提示することです。他者理解を促すと同時に、文化をめぐるコンフリクト（紛争）をも生み出しうる、歴史認識や異文化理解、自然との共生のためのさまざまな資料を、議論の材料としてもらうために市民に提示し続けることが、現代的なミュージアムの役割であると言えます。

近年、いくつかの地域博物館において、公的セクターとして地域博物館が担ってきた諸活動への、様々な協働主体（市民ボランティア・NPO・友の会組織ほか）の参画が実践されています。パートナーシップ構築による博物館施設と地域住民との協働は、主として体験教室などの普及活動や、公園・

道路緑化などの環境整備等の管理業務において実践される場合が多いように見受けられます。

一方、学芸活動の中核をなす、調査研究を含むコレクション形成に係る業務と、コレクションに基づいて企画する展示業務は、学芸員が特権的に従事することが当然とされてきました。しかし一部の博物館施設では、地域住民が参加できる運営形態を学芸員がコーディネートする試みが成果をあげ始めています。博物館が専門的に扱う歴史や文化、芸術、自然といった専門領域の情報が、現代社会や地域社会における課題解決のための諸活動に結びつくことは容易なことではありません。これを橋渡しするためには、博物館が囲い込んできた専門性を市民に開き、よりアクチュアルな問題との関係のなかで博物館活動を営んでいくことが求められます。

現代の博物館は、その活動におけるミッション（使命）を広く公表することが求められるようになっています。こうしたなかに、地域課題の解決や、住民のニーズと調査研究活動の接合、アイデンティティの醸成などが言葉としては謳われます。しかしその実現のために、博物館活動そのものをどこまで見直せているかは疑問です。まずは住民参加の枠組みをどの程度まで進めていくかを考えることから、博物館のあり方について考えていく必要があるのではないでしょうか。

住民参加のレベル

行政に対して住民が参加することを、**パブリック・インボルブメント**と呼ぶことがあります。文字通り「公衆を巻き込む」という意味ですが、行政的な課題に対する合意形成に住民を参加させることで、開発等に民意を反映させようとする動きです。これを市民の側から見れば**パブリック・パーティシパント**、すなわち「**公衆への参加**」になります。

例えば、道路建設などの公共事業において、行政が一方的に計画を遂行するのではなく、計画のある段階から住民参加によって意見を繁栄させる余地を作り出すための、意思決定・合意形成の手法として、都市計画等に取り入れられています。国も平成14年8月に、『市民参画型道路計画プロセスのガイドライン』（国土交通省道路局）を策定し、地域住民との合意形成のための手段としてのパブリック・インボルブメントの導入を積極的に進めています。それは基本的には、行政といくつかの**ステークホルダー**（利害関係者）とで作る会議や協議会といった枠組みが想定されており、それによって計画決定プロセスの透明化をはかることと、公益性と地域住民の利害との調整を図ることが目的となっています。東日本大震災からの地域の復興計画策定にあたっては、まちづくり協議会などを組織して、意見の取りまとめをしてもらうなどの動きも活発に見られます。ただ、住民とは一枚岩ではなく、結果的に発言力のある「声の大きな人」、あるいは地域における多数派の人々の意見が、住民の意見として一人歩きしていくような状況もみられます。

地域におけるまちづくりや文化施策のなかで、住民参加を進めやすい分野とそうでない分野とがあることは事実です。例えば文化財保護行政は、前述のように基本的にトップダウン方式で行われるもので、専門家による価値づけと行政による保護措置が中心ですから、所有者や保持団体の協力なしにはできないという意味では住民も参加しているわけですが、それをコーディネートして実施していくのはやはり行政の役割です。

一方、まちづくり、例えば街並み整備とか史跡等の公園整備とか、地域を空間的に改変させて文化財等に意味を持たせようとする場合には、その地域に住む一般の人々がステークホルダーとして参加することが不可欠です。これは前述の公共工事や地域開発における住民参加、パブリック・インボルブメントと同様の意義があります。その中間に位置するような活動としてあるのが、地域博物館の活動への参加です。わたしは、これがもっとも自由な形で文化行政に住民参加を促すことができる枠組みではないかと考えています。

住民参加のレベルには、大きく分けてＰＵ、ＰＩ、ＰＣの３つを挙げることができます。ＰＵよりはＰＩの方が、そしてＰＩよりはＰＣの方が、より関与の度合いが深くなります。

まず、ＰＵとは、**パブリック・アンダースタンディング**の意味で、情報提供の仕組みを整備して、人々の社会的学習の場を広げようとする試みをいいます。一言でいえば**情報公開**です。例えば、教育委員会や博物館が持っている地域の文化資源を、地域住民が利用しやすいように整え、インターネットや博物館展示等のメディアを使って公開するといったことがこれにあたります。

次の段階が、ＰＩで、これは前述の通り**パブリック・インボルブメント**の意味で、これは、政策形成の段階で人々の意見を吸い上げようとするために、人々に意思表明の場を提供する試みです。例えば、展覧会や文化事業などを開催する際に、地域住民、あるいは博物館の活動に賛同する人々（ボランティアや友の会会員、常連さんなど）に企画段階から参加してもらい、運営にも関わってもらうというより深い関与です。

子ども向け体験教室（東北学院大学博物館）

市民向けガイドツアー（東北学院大学博物館）

そしてさらに進んだ段階がＰＣ、すなわち**パブリック・コンセンサス**で、より広い領域にわたって一般市民を交えた合意形成を進めようとする試みで、住民投票などの手法を使って住民の総意としての考え方を作り出すようなものをいいます。わたしはパブリック・インボルブメントが地域博物館の活動を市民とともに作ろうとするとき、もっとも適当な関与の度合いであると考えています。

こうした3つの段階の住民参加を実際に推進する際には、次の5つの手法が選ばれます。**周知**（インフォメーション）、**意見収集**（コンサルタント）、**関与**（インボルブメント）、**協働**（コラボレーション）、そして**権限付与**（エンパワーメント）です。

周知は情報を公開することをいい、意見収集は専門家や住民の意見を代表する人の助言を受けること、関与は主体をあくまで行政側に置きながらその企画・運営に住民参加をしてもらうこと、協働は各種の団体などと行政がタッグを組んで進めること、そして権限付与は行政の担う役割の一部をある団体などに担ってもらうことをいいます。これらのどの手法が適切かは、ひとつひとつのプロジェクトによって異なりますが、いずれにしても計画決定プロセスの透明化をはかることと、「公益性」と「地域住民」の利害との調整を図ることが重要です。

2 地域博物館論再考

疲弊する地域博物館

わが国には、全国各地域の市町村に、地域史や民俗資料を展示する公立・私立の小規模な博物館、すなわち**小規模地域博物館**が多数存在します。平成23年度社会教育調査の総括表によると博物館と呼びうる施設は全国に4485館ありますが、そのうち市町村が設置し、かつ学芸員数が不在な施設は2893館、学芸員が1人の施設は237館となっています。学芸員不在の場合は、市町村の文化財担当職員等が業務を担当しているようなケースです。いずれにしても、日本の博物館の半分以上は、小規模地域博物館とみてよいわけです。

それらの多くは、地域の生活文化財と呼ぶべき民具を多数収蔵しています。そのコレクション形成は、日本の高度経済成長期に全国的に展開した**民具収集運動**に負うところが大きく、小規模地域博物館の建設ラッシュと民具収集運動は1980年代まで続きました。そのため現在では、ほとんどの市町村に何らかの小規模地域博物館と民具コレクションが存在する状況となっており、一部は国の重要有形民俗文化財に指定されたものもあります。収集後20〜30年を経過した現在、民具収集運動そのものや形成された資料群の内容について、再検証すべき時期に来ていますが、民俗学界においても博物館学界においてもそれに関する議論は不在であると言わざるを得ません。

小規模地域博物館の展開は、戦後の日本における地域の歴史研究や民俗学の研究動向と関連しています。そしてその展開は、1次資料が地域に蓄積されていった歴史、すなわち市町村に1次資料が〝釘付け〟になっていったという経緯と無関係ではありません。最も大きな要素は、昭和30年代後半以降の小規模地域博物館の建設ラッシュです。国の補助金によって末端の市町村にいたるまで博物館施設が建設されていき、観光や学校教育や生涯学習の施策と密接に絡みながらその数を増やしていきました。

それとパラレルに進んだのが、**自治体史編纂事業**の隆盛です。10〜20年といった長い年月をかけて編纂される市町村史は、刊行後に大量の史資料が自治体に残され、小さい町村ではその後の整理作業は行われ難く、役場の倉庫や図書館の一室に保管されることが多いのが現状です。また、開発に伴う行政発掘調査が圧倒的に増大し、自治体は大量の考古資料の保管に苦慮することになりました。報告書刊行後の資料の処理についての判断は自治体に委ねられているとはいえ、大量の時間と資金を費やして行われる調査資料は処分されることはなく、山と積まれたテン箱の数は増加の一途をたどっています。

一方、学問的にも地方史研究の進展や地域に視座を置いた研究方法の隆盛、そしてそれに裏付けられた資料の現地保存主義なども、個別地域に史料を保管することの前提にあります。高度経済成長期、生活様式が激変し、身近な道具が新しいものに入れ替わっていくなかで、「古いもの」は残さなくてはいけないのではないかという、ある種のレスキューを当時の人々は行ったといえます。そこにはモノの集積で地域を描けるという思考が働いており、網羅的に数を集めることが1つの目標となり、たちまち収蔵庫を圧迫する結果となりました。

小規模地域博物館に共通の悩みは収蔵空間不足と資金不

足であり、その2つが活動そのものを窮屈にしているということは、全国どこでも見られる現状なのです。

また、上述のような全国に小規模地域博物館が生まれていった昭和中期は、**郷土史家の時代**と呼びうるような、地元の知性が活躍した時代でもありました。町村の自治体史編纂や文化財保護審議会等は、大学の専門家だけでなく郷土史家が主要なメンバーとなり、地道な活動の舞台となっていったのです。

しかし、まだまだ現役で活躍している方々も多いものの、現在こうした人々の多くは他界し、その跡を継ぐ人も少ないのが実情です。郷土史家の時代とも呼びうる昭和中期が、特有な時代であったのでしょうが、いずれにしても現在では文化活動そのものが地域において重要な役割を果たせなくなってきており、おのずと小規模地域博物館の活動も停滞していったのです。

小規模地域博物館の活動がこの20年間以上停滞しているばかりでなく、主として財政的な理由や市町村合併による統廃合や閉鎖も進んでいます。施錠して日常的な管理業務も行わない死蔵状態のみならず、資料の廃棄の例も聞かれます。地域の研究の履歴を、コレクションとして蓄積してきた小規模地域博物館の窮状は、目を覆うばかりです。

等閑視されてきたローカルな文脈

昭和中期、小規模地域博物館の建設ラッシュの時代は、郷土史家の時代でもありました。自治体史編纂も、民具の収集保存運動も、地域の文化財保存運動も、同時代のこうした状況を背景に持っています。しかし、このように書くとそれは時代の産物、あるいは行政的な文化財保護思想の普及の成果としてしか見えなくなり、全国の小規模地域博物館群を一枚岩的なものと見做してしまいかねません。

大きな時代の流れへの対応や、現在抱える問題においては共通する部分も多いのですが、しかし地域の博物館作りにはその地域特有の事情と独自の背景があるものです。またそれをリードした人の性格や考え方も、成立する博物館のあり方に大きな影響を及ぼしたでしょう。

ここでは、事例として紀伊半島の熊野地域の山間僻地に位置する和歌山県田辺市大塔《おおとう》村とその周辺地域をとりあげ、小規模地域博物館が成立していく過程を紹介したいと思います。

和歌山県西牟婁郡においては、昭和30年代初頭に、地域の大山林地主であった中瀬家（屋号：板屋）の民具を中心に**旧大塔村立歴史民俗資料館**（現：和歌山県田辺市）が旧大塔村平瀬地区に開館しました。短期間で資料収集をして博物館開館にこぎつけられたのは、地主であり木材の伐採運搬業を取り仕切っていた家が、山林関係の道具一切を管理してきたという特殊な事情が背景にあったからです。

熊野の林業がもっとも活況を呈するのは、戦後復興期です。大阪をはじめ各地方都市の復興のための建築資材を中心として木材需要が一気に増大し、空前の伐採ブームが起こり、県外から多くの労働者が流入しました。山林の立木を購入して、それを伐採・搬出・製材している間に値が高騰し、出荷時には購入金額の2倍・3倍の価格となることが常態化していたといいます。

こうした状況下では、立木の購入値段の値引きの駆け引きをするよりも、高くとも他より先に購入し、1本でも多く木を伐出した者が成功するというほどの好景気であったそうです。しかしこうした景気も、昭和30年代に入ると急激に後退し、木材消費量と炭の生産量がともに減少傾向となり、外材依存による木材価格の低迷、林業労働力の流出、造林費用増大による事業意欲の減退などの要因によって林業は衰退し、長い木材不況の時代が続いています。

歴史民俗資料館の建設は、まさにそうした地域の基幹産業としての林業の斜陽と並行して進められました。「板屋」の最盛期である大正後期は、この地域の黄金時代と位置づけられ、その時代の状況を復元すべく、民具収集や民俗調査が実施されました。その後、大塔村内でも北部に位置する平瀬地区の農家の生活用具や生産用具等が追加収集されていき、現在のコレクションの姿となったのです。

文化庁補助金を得て建設された同館の地域内でのインパクトは相当なものだったそうで、周辺の村々に博物館建設の動きをもたらしました。平瀬地区近隣の旧中辺路町《なかへちちょう》の大内川地区（現：和歌山県田辺市）では、大内川小学校廃校にともない、区長の呼びかけに応じて地域住民が自ら山村生産用具・生活用具を収集し、地域の民具が収蔵展示されました。僻地の生活改善に関するいくつかの助成を受けながら、地域住民主導のコレクション形成が展開されたのです。

一方、旧敷屋《しきや》小学校展示室（現：和歌山県新宮市）の資料

は、山村生産・生活用具を中心に収集された良いコレクションでした。戦前に小中学校の郷土研究から収集がスタートし、戦後は地域の郷土史家が収集して形成したコレクションでした。残念ながらこの展示室は、平成23年の台風12号豪雨による水害で壊滅して、コレクションも文化財レスキューの手をつけられないほどの被害であったといいます。地域の学校教員と郷土史家が主導して形成されたコレクションとしてはすさみ町指定の「周参見《すさみ》王子神社奉納絵馬」のコレクションがあり、熊野古道の周参見王子神社境内に建てられたすさみ町立歴史民俗資料館の中心的なコレクションとなりました。同館には、ハワイ移民の技術に関連したカツオ漁関係資料や、木曜島《もくようじま》移住関係資料など、地域の特性が発揮されたコレクション群が形成されました。

当時、戦前から各地域で郷土史の調査をしていた在野の研究者らは、昭和40年代前半に連携を深め、熊野中辺路刊行会を設立しました。彼らは本格的な地域の民俗調査と民具収集を行い、民俗関連の書籍を刊行するとともに、収集資料の大半が旧朝来《あっそ》小学校建物に収蔵され上富田町立民俗資料館（現：和歌山県西牟婁郡上富田町）の資料の核となりました。同館は、和歌山県内屈指の民俗資料点数を誇る素晴らしいコレクションです。同時期、紀南文化財研究会などの地方学会も設立され、地域の郷土史家や教員等の意識を向上させ、物質文化の大きな転換点であった高度経済成長期に数多くの資料が収集されました。

こうした小規模地域博物館の多くは、地区の世話役が管理を任されていたり、役場に問い合わせると開錠して対応してくれたりするような施設であり、現在では積極的に博物館活動を展開するというよりは、むしろ収蔵庫的な施設です。こうした施設も、前述のように設立の経緯や当時の文書等を公民館や役場で見せていただくと、それぞれが異なる背景のもとで設立に至ったことが見えてきます。小規模地域博物館は、大規模な美術館・博物館と同じように、ローカルな文脈を持っていて、「**ミュージアム誕生の物語**」が、その館の規模や学術的なレベルに関係なくそれぞれに存在するのです。

日本の津々浦々にある小規模地域博物館のすべてが、昭和中期から後期の地域文化掘り起こしの〝熱い時代〟の遺産であるわけですが、現在この等閑視されてきたローカルな文脈が顧みられることはほとんどありません。現代において疲弊しているのはこうした地域博物館であり、それはそのまま地域文化掘り起こしの動きの低迷とつながっています。

地域博物館論の陳腐化

　現代の博物館において地域博物館論は、あるべき博物館像として広く受容されており、大学の博物館学の教科書でもこれに言及しないものはないほど、強い影響力を持っています。前述の通り、伊藤寿朗の第3世代博物館論の骨格をなす概念である地域博物館は、市民参画を促し価値創造的で実践的な公共空間として構想されたものです。フォーラムとしての博物館という考え方も、地域博物館論のアイデアと共鳴する要素が多く、そのモデルは現在でも輝きを失っていません。

　しかしその一方で、これが提示されてからすでにおよそ20年が経過した現在、「地域博物館」は陳腐化し、博物館は目標を失っているのではないでしょうか。その理由は、厳しさを増す博物館を取り巻く経済的・政治的状況にあるばかりではありません。地域博物館はある種の行政の言語において、地域貢献度のアピールやポーズのための便利な言葉として消費されることが多いとわたしには見えます。単に体験学習を実施するといった目先の参加では、地域博物館の実現には程遠いものです。

　また、博物館学においても、これに依拠して自身の実践を位置づける論文は数知れませんが、地域博物館を批判的に論じるものはほとんどありません。こうした行政と学術研究の双方から消尽されてきた地域博物館は、それ自体が聖書のように無批判に受け入れられてしまうドグマ化に陥っているのではないでしょうか。理想像が20年弱も変化しないという状況は、その理想に対する議論の不在を意味します。公立博物館が、その役割において新たな意義を打ち出せていない現在、博物館の存在意義について、再考する必要に迫られているというのが筆者の現状認識です。

　現代の博物館には、資料の調査研究や展示・普及という従来からの機能に加え、市民学習のセンター、地域の資源を活用した文化創造の場、地域社会の様々な立場の人々の交流の場といった、市民社会との関わりにおける役割が求められています。そのためには、博物館が市民にサービスを行うのみならず、逆に地域住民が博物館の持つ文化資源とその場を活用しながら、**地域づくりのツール**としていくような転換が必要です。それを実現させるための第一歩が、博物館活動に住民参加の枠組みを導入し、さまざまな主体との協働の場としていくことなのです。

文化財と教育の枠組みの相対化

日本の博物館の文化は、教育とくに**生涯学習**の枠組みで営まれてきた。地域の開発や社会の変化によって、失われるものや変化するものを収集・保存し、それを調査研究して普及するための諸活動を行ってきました。そのなかで、第3世代博物館としての市民参画型博物館が理想とされ、多くの実践が積み重ねられてきました。一方で、単に**体験メニュー**や**市民講座**を増やしただけの活動で、ほんとうの意味で住民参加をうながす地域博物館のすがたには程遠い運営もみられます。

地域博物館は、市町村や都道府県の範囲を対象にコレクションを構築し、それを保存するための設備の確保が第一となり、その対象は文系—理系の分野を分離して細分化、専門化してきました。また、多くは**教育委員会管轄**であり、文化財行政と学校教育、生涯学習の枠組みのなかでの活動に、意識的に、また無意識的に制約されています。こうした前提が、市民社会の成熟によって社会に広く展開しはじめた市民活動やNPO、ボランティアなどとの連携や協働を制約し、地域経済の発展、福祉、人々のアイデンティティ構築と社会的実践などから博物館が取り残されていく結果を招いたと、わたしはとらえています。もちろん、学芸員によるさまざまな新しい試みも、不断に実践され、博物館の可能性を拡張し続けていますが、地域博物館のありかたをいま一度再考すべき時期にきているのではないでしょうか。

しかし、そもそも文化財や教育を前提としないいくつかのミュージアム的な施設の活動のなかに、ひとつの可能性をわたしはみています。その例として、ジオ・ミュージアムや国立公園のビジターセンターを紹介したいと思います。

ジオ・ミュージアムは、ユネスコ世界ジオパークの理念にもとづき、調査研究と普及啓発、地域の持続的な経済発展のために、さまざまな機関との連携のなかでミュージアム活動を展開している普及施設です。

国立公園のビジターセンターは、自然公園法にもとづく国立公園の保護や調査研究の活動と、普及活動をコーディネートする施設で、近年は「**協働型管理運営**」の考え方にもとづき、自然保護一辺倒ではなくなってきています。

こうしたものを、そもそもミュージアムにくくるのには、わたし自身も抵抗があります。前述の博物館の条件である、コレクション形成はなく、調査研究の機能も博物館とはかなり異なるからです。

しかし、市民参画や協働、連携、そして異分野コラボレーションによる**学問横断的な調査研究**（クロス・ディシプリン）の地域的な展開という意味では、博物館の2歩も3歩も先取りしています。

例えば、資源の局地的なオーバーユース、大型野生動物や増えすぎた保護動物による食害、外来生物による生態系の攪乱、生物多様性のための自然再生、人々の生活との共存など、現代的な課題の解決に必要な調査研究や、その意義の普及活動を市民参画で行うといった活動、SNS（ソーシャル・ネットワーキング・サービス）を活用したフォロアーの動員など、自然保護と社会参加を結びつける結節点としての活動などは上記の施設がそもそも活動の基盤としている部分です。

そうした施設の1つ、**沖縄県の竹富島ビジターセンターゆがふ館**は、原生的な亜熱帯林とサンゴ礁の海を残す西表石垣国立公園の普及施設です。ゆたかな自然と触れ合うためのアクティビティはもちろん、この施設では隆起サンゴ礁の環境と、島のくらし、民俗、民具、民話などを深く関連づけた内容をもっています。また、八重山語（ユネスコの消滅の危機にある言語の「重大な危険」に認定）、それぞれの**「島ことば」の記録と保護継承活動**なども活動として盛り込んでおり、竹富島をあげての1年でもっとも大きな祭りである種取祭（たなどぅい）にも関与しています。

こうした活動は、もともと島の公民館が非常に活発に行ってきた文化創造活動を引き継いだものだと聞きました。国立公園の草木ひとつ触ってはいけないといった手つかずの自然の保護ではなく、人々の暮らしとの関わりのなかでまもってきた生活文化や民俗知識、つまり**人間の活動もふくめた自然**というありかたの魅力を重視した内容をこの館の活動は持っています。

環境保護や文化継承といった肩に力の入った使命感を全面に押し出すのではなく、身の丈にあったところから自然や文化に関心を向けていく姿勢が、多くの人々の共感を生むのだと、わたしは深く感じ入りました。

ジオパークとジオ・ミュージアム

一方、ジオ・ミュージアムは、ユネスコによる世界ジオパーク活動の普及施設です。**世界ジオパーク**（UNESCO Global Geoparks）とは、地層、岩石、地形、火山、断層など、地質学的な遺産を保護するとともに、自然と人間とのかかわりを理解する場所として整備していく事業で、国際地質科学ジオパーク計画の一事業として実施されています。２０１５年から正式事業化された新しいジャンルで、その目的はジオパークを科学教育や防災教育の場とするほか、新たな観光資源として地域の振興に生かすというものです。

国内では、２０１８年１月現在で、８地域（洞爺湖有珠山、糸魚川、島原半島、山陰海岸、室戸、隠岐、阿蘇、アポイ岳）が認定されています。

また、日本国内での活動として、日本ユネスコ国内委員会がユネスコ世界ジオパーク事業の業務に関する権限ある機関として認証した「**日本ジオパーク委員会**」が審査を行うかたちで、現在43地域（ユネスコ世界ジオパークの８件を含む）が認定されており、今後世界ジオパークに認定される可能性を持っています。

世界ジオパーク活動は、保護・保全と同じぐらい、教育や科学研究への活用、地域の持続可能な経済活動（観光や商品開発）、伝統文化やアートをとり込んだ形での地域づくりに比重を置いた活動であるところに特色があります。

日本の世界ジオパークの１つ「室戸《むろと》」は、付加体《ふかたい》（深海に積もって形成された地層が、沈み込むプレートに押し上げられて陸地化）と、隆起（大地が盛り上がり続けることによって、断層や海成段丘のような隆起地形がみられる）、そして変動帯（プレート同士のぶつかり合いによって地震や火山が起こる）という３つの自然の営みを観察できる点が特徴です。それは災害の元凶であると同時に、資源と恩恵をもたらす環境であり、そこに歴史と文化が育まれてきました。

室戸世界ジオパーク・ミュージアムは、そのビジターセンターであり、自然の営みと歴史文化を紹介している施設です。その展示は、地質や動植物、植生、昆虫、台風などの気象といった自然科学分野と、農業や漁業、捕鯨、食文化、宗教、四国巡礼、祭り、災害といった人文学分野を、分離するのではなく、関連づけのなかで紹介されています。

例えば、室戸岬の御厨人窟《みくろど》は、弘法大師空海が修行中に住み、そこから見える空と海から名を得たとされており、また隣接する神明窟《しんめいくつ》では行の最中に明星が口に飛び込み、悟りを得た地として知られています。こうした空海の修行譚や伝説と、室戸岬の海蝕洞《かいしょくどう》の形成とが関連づけて説明されていました。また、変動帯の地殻変動が、室戸沖に水深4千メートルにもおよぶ深海を作り出し、マッコウクジラやセミクジラ、ザトウクジラの回遊と深く関連しており、室戸の浮津《うきつ》や津呂《つろ》などの集落では古くから紀州の太地から伝習した古式捕鯨が盛んとなりました。

こうした内容は、この地域の鯨肉食文化を育み、鯨船競漕大会やクジラに関係した民俗芸能の継承、鯨供養碑の石造物などに往時の文化を偲ぶことができるといったかたちで説明づけがなされています。

ビジターセンターで、こうした情報に触れたあと、来場者は室戸岬サイトなど区分けされたフィールドに出向いていき、自然科学的な内容と歴史・民俗的な分野を総合的にとらえながら、みずからの関心を深めたり、アクティビティに参加したりしていきます。

また、道の駅・キラメッセ室戸に隣接して設置されたクジラの博物館である鯨館を訪れたり、江戸時代から木材の集散地および海運の港町として栄え、明治には土佐備長炭の積出港となった吉良川《きらがわ》の街並み歩きを楽しんだりすることもできます。

街並みは、国の重要伝統的建造物群保存地区に指定されており、贅を尽くした漆喰壁の民家が立ち並びます。川石を積んだ「いしぐろ」や、壁にいくつもの小屋根のようなものを取り付けた「水切り瓦」、建物の北側と南側で瓦葺きの向きを変えて風雨に飛ばされないように屋根を守る「左瓦・右瓦」など、独特な形式の建築にふれることもできます。

ミュージアムのサード・ウェーブ

こうした文化財や教育とちがう位置から、ミュージアムの活動を展開している施設には、これからの博物館のかたち、陳腐化した地域博物館論から脱却したうえで地域博物館論の理想に立ち返るミュージアムのサード・ウェーブをみることができると、わたしは考えています。

現代のミュージアムが向いていく方向として、わたしは以下のようなキーワードを挙げたいと思います。いわゆる**CSV**（**Creating Shared Value**）（地域の文化や自然に対する価値の共有）、**コラボレーション**（さまざまな立場の人々の連携）、**ダイアローグ**（価値の相違の共有と対話）、**公共性**（学問の社会的意義の問い直しと実践的アプローチ）、**サステナビリティ**（持続可能な社会）、**ダイバーシティ**（他者と異文化の受容と文化の多様性）、**文化資源マネージメント**（地域課題の解決や経済発展への自然・文化資源の利活用）、**グローカル**（グローバルな価値とローカリティの接合）、**ヒューマニティ**（経済から外部化された、こころの豊かさの追求）などです。

こうしたことを、そのまま理念としている博物館は現実にはないといえます。その意味では、地域博物館論やフォーラムとしての博物館などの概念と同様、上記の概念も〝絵に描いた餅〟の状態です。しかし、さまざまな取り組みに学びながら、既存の枠組みも生かしつつ、地域博物館を発展させていくための議論を、そろそろ始めなければならないのではないでしょうか。

▼この章をより深く知るための参考文献

伊藤寿朗『**市民のなかの博物館**』吉川弘文館 1993年

吉田憲司『**文化の「肖像」―ネットワーク型ミュージオロジーの試み―**』岩波書店 2013年

岩本通弥・菅豊・中村淳編『**民俗学の可能性を拓く ―「野の学問」とアカデミズム―**』青弓社 2012年

第9章

研究が作り出す文化財

養蚕成就祈願のムカデ絵馬（東北学院大学博物館所蔵）

“ずらし”の視角

埋もれた文化

⬇

掘り起こし編集する文化

1

学芸員的な調査研究

地域博物館の学芸員の調査研究

地域博物館の学芸員の**調査研究**は、それぞれの分野の学問的な調査方法に加えて、地域博物館的な視点と、文化財調査的な技術を組み合わせた独自な研究手法があります。それは、フィールドワークを基本とする**地域研究**に、**文化財調査**の方法を組み合わせながら、資料を収集して**コレクション**を形成し、**展示**や**図録**というメディアで地域文化を表現するという一連の流れをもっています。そして地域博物館におけるコレクションの構成は、調査・研究の履歴そのものをあらわしています。

加えて、どんな調査でもその過程で、地域の人々や異分野の研究者など多くの人々との協力関係が介在します。この**モノの介在**と、**人々との協働**が、学芸員的な地域研究の特徴といえます。ここでは、その地域博物館の学芸員の調査研究について、わたしの専門とする民俗分野を例に紹介してみたいと思います。

テーマに設定する問題関心は、個人的な興味からではなく、地域博物館の側がこうありたいとの思いから設定される**使命（ミッション）**に則ったものとして設定されます。それを学芸員の調査研究に対する制約と見てしまうとクリエイティヴさを失ってしまいます。

地域博物館は、**条例・規則**等のかたちでその博物館設置の目的が総論として明文化されています。しかし、「ここまでやりなさい、ここからはやっちゃダメ」といった各論については、当然のことながら書いてありません。どういう対象の研究を重視すれば対象地域の特色を描き出すことができ、地域課題と結びついて住民にそれを考えるための材料を提供できるか、ひいては館の地域における存在意義をどう作り出していくことができるか、といったことを一から築いていけるのが学芸員であって、学芸員の力量が試される部分です。

同業者から見て「クリエイティヴで将来性のある研究だな！」と評価できる仕事は、学術研究としての意義からずらした位置にあることが多く、地域の今と向き合っている仕事に対する評価であることが多いものです。

具体的には、地域住民が知りたいと考えていること、またそれを刺激しうるテーマを見出すための平素からのコミュニケーションをもとに、地域における文化や自然にまつわる地域課題にアンテナを鋭くし、それにまつわる情報の集積と調査研究を行うことが求められます。しかしこうしたことに関連して、地域住民の主体的な活動のなかで、民俗事象が環境保護なり、観光なり、街づくりなり、福祉なり、それぞれの主体が主張したい言説を補強するかたちで、都合よく活用されることがあることも、一方で認識しておく必要があります。

地域博物館における地域は、単なる自治体の所管する範囲ではなく、調査研究のフィールドですから、そこから問題発見をしながら活動を作っていくためのフィールドワーカーとしての分析的な視点が必要です。地域ならではの問題意識から深められた研究は、現代社会と学問の関わりの最前線にあるといえます。これからの学問をリードするのは、アカデミズムの中心から発信されるものばかりではなく、地域から立ち上げる実践的な研究が重要な役割を果たしていきます。

研究者の意図と地域住民の意図のずれを生かす

地域の課題というと、環境汚染とか地域経済の活性化とか防災など、大きなテーマを考えがちです。もちろんそうしたものが活動の背景にはあるのですが、地域住民の側からみるととてもミクロな課題として設定されることがあります。そしてそれはたいていの場合、マクロな問題につながっているものです。

1つの例を、わたし自身の経験から紹介しましょう。

わたしは、2000年頃から5年ほどかけて、和歌山県西牟婁郡《にしむろぐん》上富田町《かみとんだちょう》の平地農村で民俗調査を行っていました。ある時、わたしはたまたま農家の納屋でオバナチと呼ぶ頭上運搬用の円座を見つけました。聞くとそれは祭の際に村の代表者の家の少女が、膳に載せた神への供物を頭にのせて運ぶために使うといい、これを「神饌《しんせん》いただき」と呼びます。

上富田町岡地区の八上神社の祭礼では、和装の少女がモチと呼ばれる米粉の団子を頭上で運んで、神前に供えます。旧暦9月9日の祭が、現在は11月23日に行われており、雌雄の獅子を先頭とする渡御《とぎょ》行列に、御幣を持った男子

オバナチ作りを終えて（上富田町岡にて）

と、白粉《おしろい》で化粧し額と頬に紅をつけた女児がオバナチを頭上に奉じて歩く、素朴なむらの祭です。地元の古老は、神饌のモチをオハナモチ（御花餅）と呼び、それがなまってオバナチとなったのだろうと、そのいわれを伝えています。

日常的には使われなくなっている頭上運搬の道具が、祭の作法のなかに残っており、さらに地域的にひろがりのある儀礼の残存が、この地域の祭のなかにみられると、わたしはとても感心してうれしくなり、聞書きにお邪魔するどのお宅でも、これは面白い！と吹聴して回りました。すると、オバナチは神事で使う道具であるため、毎年新調するのがならいとなっており、それを作ることができる人が、現在では1人しかいないとのことでした。そして、その方が高齢なので今後これを作り続けられるかが心配だという話もうかがいました。地域の人々の価値観のなかでは、これが新調できないこと＝祭が行えないことであり、祭の存続に関わるものだという認識があることもわかりました。わたしは、素朴に頭上運搬の円座の作成方法を記録したいと考え、記録のための取材を区長さんに申し込み、翌週の日曜日に集会所で調査が実現することになりました。

取材当日、わたしは約束の時間に集会所に出向くと、村中のお年寄りが集まっていてわたしを待ち構えていました。わたしは驚いて事情を聞くと、文化振興に熱心な当時の谷本圭司教育長が、地域に呼びかけたのだそうで、オバナチを村の全員が作れるようになれば、祭の存続が安泰だといい、わたしの取材にかこつけて即席のオバナチ講習会を設定していたのです。その日は、和気あいあいとオバナチを製作しながら地域のみなさんと交流し、取材をお願いした側であるのに、逆にいたく感謝されて調査を終えました。

この調査をきっかけに、和歌山県内全域で祭の「神饌いただき」や民俗芸能で用いられるありとあらゆる円座を調べてみたくなり、調査を進めました。従来は、紀伊半島では頭上運搬は漁村で特徴的にみられるといわれてきました。磯で海苔や海藻、テングサなどをとる人が、現在でも桶を頭に載せているのを見て、頭上運搬は海の村の特徴と、学者が勝手に決めつけていただけなのかもしれません。それは根拠がないのではないかと、わたしはなんとなく思っていたのですが、山中の集落でも同じようにみられるばかりか、山仕事やイカダ師がかぶるヒノキ笠の円座とも構造的に共通することもわかってきました。

ふと見つけた藁の道具、製作法の調査、それを通じての地域の人びととの交流、そこから展開する新たな調査、地域博物館の調査はいつもそうした流れのなかで展開していくものです。

このなかでわたしが興味深いと思ったことは、女児が神饌を頭上に頂くための用いる円座を作れなくなることが、祭の存続にかかわる根本的な問題となるということが、地域住民の共通認識であったことです。実際には、農村の少子高齢化の加速や、祭を担う若者世代の都市への流出、兼業化や農業近代化による地域住民の労働の共同性の減少など、祭の存続を危うくする条件はいろいろとあります。しかし、ただひとつ毎年作り変える必要のあるこの頭上運搬具が、伝統的な祭を継続することに深く結びついていました。

東日本大震災の被災地でも、無形民俗文化財が復活する際に、獅子頭がないから復活できないとか、神楽面が修復あるいは復元できて、はじめて祭を行う条件が整ったということを、あちこちで聞きました。

外からみれば、単なる1つの道具であっても、地域からみれば別の重要な意味を持っています。オバナチ講習会は、単なる民俗技術の記録にとどまらず、住民の結集の必要性を共有する契機となったようです。

わたしは、この出来事以来、民俗調査が、地域社会の営みにさまざまな影響を与えたり、変化をもたらしたりすることに自覚的になりました。それは弊害をもたらすこともあれば、何かのきっかけをもたらすこともあります。ミクロな暮らしへのまなざしをむける民俗誌的な調査が、地域の人々にとっての等身大の課題に結びついているという想像力が、地域博物館的な調査研究には求められるのです。

民俗誌とコレクション

わたしの専門とする**民俗学**は、特定の対象を独自の視点で分析した研究論文を書くだけでなく、民俗誌を描き出すことに重要な意義を見出してきました。**民俗誌**とは、ある1つの地域や集落の社会における文化の総合的記述を目指して作成されるもので、それを描くためには、さまざまな民俗事象の関連性を分析し、総合的に記述することが求められます。

調査者はみずからの問題関心から調査地を設定し、数年にわたる継続的なフィールドワークを行いながら地域での人間関係や信頼を構築するなかで、民俗誌を描き出します。集落や地域の歴史や地理を土台に営まれる社会組織、衣食住や生業、信仰と年中行事、人生儀礼、祭りや芸能、口頭伝承などを、相互に関連し合うものとして把握する民俗誌的理解とでも表現されるような仕方で、調査者は地域への理解を深めていきます。

地域博物館における民俗調査は、この民俗誌（一定の地域の生活集団の伝承文化を総合的に記述した記録）を作成することに加え、その理解に必要な**物質資料**（民具、古文書等の記録）を収集し、対象地域の生活の歴史的展開が明らかとなるコレクションを構築することが目標となります。

地域博物館の地域研究の成果は、博物館に次のかたちで蓄積されます。①収集した資料のコレクションとその目録・台帳、②現地で収集したり記録したりした文献資料とその目録、③民俗誌や調査報告書、④写真や復元資料などの2次資料、⑤図録や展示解説書、こうしたものが1つのセット関係をなして資料が形成されます。これを整備するための一連の作業が、地域博物館的な地域研究の具体的な作業です。

2　民具と有形民俗文化財

有形民俗文化財の対象

文化財保護法においては、**民俗文化財**というカテゴリが設定され、人々のふつうの暮らしのなかに息づいてきた文化とその歴史的展開をあらわすものを、有形／無形民俗文化財に指定することができます。

民俗文化財は、１９５０年の文化財保護法制定においては「民俗資料」として、建造物や美術工芸品などと同じ有形文化財の１つに位置づけられていました。それが１９５４年の改正において、有形の民俗資料を有形文化財から独立させて「重要民俗資料」という指定にかわりました。その後、１９７５年の改正時には、「民俗資料」が現在の民俗文化財と改称されて、「重要民俗資料」は現行の**重要有形民俗文化財**に、そして新たに**重要無形民俗文化財の指定制度**が設けられ、現在の**民俗文化財制度**のかたちが整備されたのです。２００５年の改正では、重要有形民俗文化財指定制度を補完する**登録有形民俗文化財制度**が発足し、近代以降の物件に対しても目を配れるようになりました。

現行の文化財保護法では、民俗文化財の対象を「衣食住、生業、信仰、年中行事等に関する風俗慣習、民俗芸能、民俗技術及びこれらに用いられる衣服、器具、家屋その他の物件で我が国民の生活の推移の理解のため欠くことのできないもの」と規定しています。より具体的にどのようなものを対象とするか、またどのような内容に価値をみいだしているかは、「重要有形民俗文化財指定基準」（文部科学省・文化財保護委員会告示第58号）に明記されています。まず、対象については、以下のものが挙げられています。

（１）**衣食住に用いられるもの**（例えば、衣服、装身具、飲食用具、光熱用具、家具調度、住居等）

（２）**生産、生業に用いられるもの**（例えば、農具、漁猟具、工匠用具、紡織用具、作業場等）

（３）**交通、運輸、通信に用いられるもの**（例えば、運搬具、舟車、飛脚用具、関所等）

（４）**交易に用いられるもの**（例えば、計算具、計量具・看板、

鑑札、店舗等）

（5）社会生活に用いられるもの（例えば、贈答用具、警防用具、刑罰用具、若者宿等）

（6）信仰に用いられるもの（例えば、祭祀具、法会具、奉納物、偶像類、呪術用具、社祠等）

（7）民俗知識に関して用いられるもの（例えば、暦類、卜占用具、医療具、教育施設等）

（8）民俗芸能、娯楽、遊戯に用いられるもの（例えば、衣装、道具、楽器、面、人形、玩具　舞台等）

（9）人の一生に関して用いられるもの（例えば、産育用具、冠婚葬祭用具、産屋等）

（10）年中行事に用いられるもの（例えば、正月用具、節供用具、盆用具等）

次に、内容については、以下の観点が設定されています。

（1）歴史的変遷を示すもの

（2）時代的特色を示すもの

（3）地域的特色を示すもの

（4）生活階層の特色を示すもの

（5）職能の様相を示すもの

そして、アイヌ文化等を念頭において、「**他民族に係る前二項に規定する有形の民俗文化財又はその収集で我が国民の生活文化との関連上特に重要なもの**」というカテゴリがあります。

こうしたもののうち、近代以降に成立したものについては多くが登録文化財となることが多いので、指定文化財となるのはひとまずは江戸時代にその淵源を遡ることができるものと理解されます。

こうした対象と内容を持つもののうち、とくに重要なものを国の重要有形民俗文化財に指定していくのですが、これには大きく分けて2つの傾向があります。1つは、重要文化財の指定のように、地域や寺社等に伝世されてきたものを評価して指定する場合です。

もう1つは、テーマを設定してそれに基づいてフィールドワークを行い、意図的に収集して形成したコレクションを指定する場合です。この場合、評価の根拠となるのは、フィールドワークを通じて作成する民俗調査報告書や民俗誌です。前者は文化財調査の成果で「**一点ものの文化財**」

です、後者は民俗資料調査のプロジェクトや地域博物館の学芸員による調査研究による成果で、**「コレクションの文化財」**です。いうなれば、後者は調査研究によって作り出す文化財であり、説得力のあるコレクションの量と、それを裏付ける民俗誌的な調査データの確実さが、指定の決め手となります。

東北地方の重要有形民俗文化財

「一点ものの文化財」と「コレクションの文化財」の具体例として、東北地方の4県の指定物件の構成をみてみましょう。

山形県の重要有形民俗文化財は、そのすべてが「コレクションの文化財」です。なかでも、財団法人致道《ちどう》博物館（山形県鶴岡市）では、庄内地域の民俗資料として8項目の資料群を保管しています。「庄内の米作り用具」、「最上川水系の漁労用具」、「庄内浜及び飛島の漁労用具」、「庄内地方のバンドリ」、「庄内地方の仕事着」、「大宝寺《だいほうじ》焼」、「庄内山村のくりもの」、「庄内地方の木製酒器」です。コレクションのタイトルを並べただけで、対象とする地域の民俗の特色がわかるだけでなく、博物館の民俗資料収集の方針も明確で、魅力ある博物館資料となっています。他にも、中山町立歴史民俗資料館が所蔵する「岩谷十八夜観音《いわやじゅうはちやかんのん》庶民信仰資料」は、東北地方でも名の知れた民間宗教者の民俗資料で、地域で活動する巫女であるオナカマや信者たちに厚く信仰されてきた岩谷十八夜観音の関係資料を体系的に収集したものです。とくにオナカマ自身が使用する呪具と、信者が奉納したものの両面を収集するという内容で、庶民信仰の実態を知ることができます。他にも米沢市で収集された「置賜《おきたま》の登拝習俗用具及び行屋」は、成人儀礼の1つとして行う山岳登拝に関する一括資料となっています。

一方、秋田県の重要有形民俗文化財は、「一品ものの文化財」として「大沼の箱型くりぶね（きっつ）」、「男鹿のまるきぶね」、「田沢湖のまるきぶね」があります。刳《く》りものとして製作する丸木舟一点ずつを指定する方式は、各所の仏像を文化財指定していくのと作業としては似ています。一方「コレクションの文化財」には、「八郎潟漁撈用具」、「阿《あ》仁《に》マタギの狩猟用具」、「作業用覆面コレクション」があります。「八郎潟漁撈用具」は、戦後の八郎湖の干拓事業にともなう大規模な文化財調査の一環で収集されたもので、詳細な報告書も刊行されています。「阿仁マタギの狩猟用具」は、マタギと呼ばれる集団猟を行う人々の狩猟と熊の胆などの薬の行商に関する一括資料です。ノースアジア大学の雪国民俗館が所蔵する「作業用覆面コレクション」は、ハンコタンナなどと呼ばれる女性が労働時に顔を布で覆う習俗をあらわすもので、東北地方の日本海沿岸部に広くみられる民俗を、意図を持って調査・収集したものです。

福島県の重要有形民俗文化財も、「一点ものの文化財」と「コレクションの文化財」が両方あります。前者は、「大桃の舞台」、「檜枝岐《ひのえまた》の舞台」という、会津地方に広くみられる農村歌舞伎の舞台です。建造物の重要文化財の指定と同じようなかたちで評価され、内容が「(8) 民俗芸能、娯楽、遊戯に用いられるもの」に該当するので、民俗文化財として評価されているわけです。

また、「八葉寺《はちようじ》奉納小型納骨塔婆及び納骨器」も信仰関係の資料となっています。一方、「コレクションの文化財」には、東北地方の山村生活の特色をよくあらわす「奥会津の山村生産用具及び民家（馬宿）」、苧（カラムシ）織の伝承活動も盛んに行われているからむし工芸博物館所蔵の「会津のからむし生産用具及び製品」があります。また、財団法人会津民俗館所蔵の資料として、阿賀野川《あがのがわ》流域に会津藩が奨励して栽培されたウルシとその実を加工する製蝋《せいろう》の伝統を示す「会津の製蝋用具及び蝋釜屋《ろうかまや》」が国指定を受けています。

只見《ただみ》町には、民具研究においては住民参加の民具収集・調査研究活動の実践が「**只見方式**」として知られる「会津只見の生産用具と仕事着コレクション」があります。ここでは、民俗誌的な視点で民具が収集され、学芸員等によるコーディネートによって住民参加の枠組みを作り出し、文化財調査を超えた地域づくりの活動へと大きく踏み越えていった、素晴らしい実践例が、国指定という形になっているのです。

宮城県の重要有形民俗文化財は、「福應寺《ふくおうじ》毘沙門堂奉納養蚕信仰絵馬」ただ1件となっていますが、県指定には「一品ものの文化財」として、台所の火の神として祀る「カマガミ」が多数指定されています。「福應寺毘沙門堂奉納養蚕信仰絵馬」は、「一品ものの文化財」としての性格と「コレクションの文化財」の両面を持っています。角田市に所在する福應寺内の堂宇に奉納されて伝えられてきたものという意味では、地域での民具収集の成果ではないという意味で「一品ものの文化財」ではあります。しかし、ここには毘沙門天に対して養蚕の成就を願って、数万枚におよぶ手書きのムカデ絵馬が奉納されてきたのですが、これを地域の文化財担当者や専門家の手によって詳細に整理と調査研究がなされ、2万3477点におよぶ意味あるコレクションとして整備されました。その意味で「コレクションの文化財」の性格を強く持っています。

「一点ものの文化財」にせよ、「コレクションの文化財」にせよ、それが文化財調査とその資料に対する研究の成果であることには変わりありません。ただ、後者のほうがより中長期のフィールドワークによる収集活動と民俗調査、収集資料の整理作業が必要であり、その意味では研究が作り出す文化財としての性格をより強く持っているといえます。

民具の特質

地域博物館の調査研究によって形成される**民具コレクション**は、ここでみてきた有形民俗文化財につながるわけではありません。実際には、博物館のコレクションを文化財として認識するためには、民具を有形民俗文化財に「読み替える」ような作業が必要となります。その前提となる、民具と有形民俗文化財の本質的な違いについて、考えてみましょう。

奇異な表現かもしれませんが、民具コレクションによる有形民俗文化財は、いわば「**作り出す文化財**」です。

通常、文化財というとき、ある場所に伝世していたり、祭祀対象として安置されていたりするものに対し学術的な価値が付与され、文化財として認識されます。一方、民具コレクションによる有形民俗文化財は、はじめから群として存在するものではなく、調査者によるフィールドワークとそれに伴う収集活動があって、はじめて形成されうるものです。

民具という言葉には、わたしの理解では、実体概念としての民具概念と、分析概念としての2つがあります。実体概念としての民具は、手作り品で、自然由来の材料を用い、その地域に普遍的に使用された古い生活用具といったイメージでとらえられるものです。伝統―近代の二項対立をもとに前者のみを選択して収集することで、**伝統文化**として残そうというものです。例えていえば、草鞋は民具だがスニーカーは民具ではない、桶は民具だがポリバケツは民具ではないといった偏重した概念です。

結局、庶民生活の歴史的変遷を明らかにするという民俗学本来の目的は見失われ、民具らしいものを研究するのが民具研究であるかのように理解する安直な見方が広がり、民具＝古道具といったとらえ方になってしまいました。

本来、民具の収集によって研究しようとしたことは、こうした古い文化の凍結保存ではなく、ふつうの暮らしのなかで使用される道具を通じて、**生活の歴史的展開**を理解することにあります。その素材が何であれ、またそれが手で使うものか機械で動くものかにかかわらず、庶民生活で用いられる道具や器物は、研究の対象となる限りにおいて民具と呼びうるものでした。これが分析概念としての民具です。

ポリバケツも水を汲むという行為を歴史的に考えた場合に1つの物質資料たりうるし、その使用については生活世界において様々な文脈で理解されうるからです。ペットボトルが、ラッパ飲みの文化をグローバルに拡散したと仮説を立てた瞬間、民具を通じた暮らしの研究の資料となります。

博物館の資料収集においては、民具らしいものを民具ととらえるような実体概念が幅を利かせています。多くの地域博物館では、高度経済成長期の民具収集運動で展開されたような、地域に残る古道具を残らず回収しようとするようなサルベージ式の収集活動が展開されました。それは、生活様式が急速に変化していくなかで、変化する以前を残そうとしたため、古道具にしか目が向かなくなったことに問題がありました。

変化していくプロセスに着目すれば、当時普及し始めた冷蔵庫や洗濯機、自動車といった機械から、既製服やおもちゃ、プラスチック製品等も収集の対象となったはずでした。コレクションを形成する際に、変化に対する視点を失ってしまうと、懐古趣味や伝統文化の礼賛に陥ってしまうものです。

こうした民具をめぐる実体／分析概念のせめぎ合いを踏まえて、博物館が収集する民具コレクションの特質を考えてみると、民具がもつ表象性、すなわち生活の推移をモノで表すことができるという特性に注目すべきです。民具は暮らしのある側面を考えるうえでのサンプルとして収集され、それを使って生活の変化を説明づけたり、ある時代の暮らしの様相を描き出すことができたりするという考え方です。そしてそれは同時に、代替可能性をもっています。

前述のように、民具とはある事象を説明することができる**標本**で、調査者がある問題意識のもと意図的に取捨選択したものです。現地での収集において選択した資料は、数多くあるもののなかから典型として選択される場合が多く、同様の学術的情報が得られるものであれば他の資料に置き換えることが可能ということになります。

有形民俗文化財の特質

一方、有形民俗文化財は、文化財保護法の文言では、「衣食住、生業、信仰、年中行事等に関する風俗慣習、民俗芸能、民俗技術及びこれらに用いられる衣服、器具、家屋その他の物件で県民の生活の推移の理解のため欠くことのできないもの」であり、「衣服、器具、家屋その他の物件」がその対象となります。前述の実体概念としての民具に基づいたもので、その意味では民具と民俗文化財は、表象性という価値づけにおいてはあまり違いが際立ってきません。

しかし、民具はあくまで研究のサンプル（＝標本）であり、代替可能性をその本質に置くのに対し、文化財は資料そのものを物理的に保存することが主眼とされますから、同じものなら代替可能というわけにはいきません。代替不可能性、つまり対象となる物質資料を保存する意義を、何かのかたちで主張できなければならないのです。

それでは、代替不可能な価値とはいかなるものでしょうか。わたしは、大きく分けて2つの価値づけが可能であると考えてきました。1つは群としての価値づけであり、もう1つは一品主義的な価値づけです。

前者の**群としての価値づけ**による文化財は、A・B・Cという3つの資料が、そのセット関係を保持することで学術的情報を得ることができ、A・B・Dと組み替えた場合には意味消失するような資料です。

例えば、1つの網元の地曳網用具とその経営資料や、紙漉き農家一軒分の道具、1つの祭祀対象におさめられた奉納物一括、ある祭礼で使用される面や衣装一式などが、これにあたります。

後者の**一品主義的な価値づけ**による文化財は、1点あるいは数点しか残っていない資料で、資料そのものが他ではは得難い学術的情報を具えているような資料です。具体的には、県内で最も古い船絵馬、特定の儀礼で使用される用具、庶民生活の歴史を知るうえで貴重な情報を具えている絵巻物などが、これにあたります。

このように、民具と有形民俗文化財は、代替可能性―代替不可能性が、その価値づけの大きな違いだと考えると、単に収集されて博物館等に残った一群の民具コレクションが、そのまま有形民俗文化財として認識することはできないことになります。地域で収集した資料に、有形民俗文化財としての価値を見出そうとする際には、代替不可能な価値を、民具コレクションに求めるための、さらなる文化財調査が必要となります。

民具コレクションと有形民俗文化財の意味づけの違いは、どちらかがどちらかを否定するような二項対立概念ではなく、むしろ視角の違いであって、1つの物質資料が双方の性格を同時に保持しうるものです。

すなわち表象性については、同時に、地域の民俗を知るための情報を民具は含んでいるし、同時にそれは文化財保護法における「国民の生活の推移を示すもの」でもあります。

研究資料としては、例えば漁民の用いる浮子の形態を知るうえでは、未だ収集されていない現地に残存しているものも研究対象となり、同様の資料であれば収集された資料との代替は可能である。しかし、それが特定の網元が漁を操業するうえで使用されたものという、具体的な主体に関連する資料としての位置付けからみた場合は、隣接する集落に全く同じ形の浮子があったとしても、収集されたものと代替することは不可能です。

民具コレクションをもとに有形民俗文化財の指定を目指すとき、文化財という代替不可能な資料的意義づけの作業が必要であり、そのとき**民俗資料調査報告書**の現地調査のデータは非常に重要な意味を持ちます。その意味では、有形民俗文化財は、学芸員的な調査研究によって「作り出す」文化財であるといえます。

わたしは、地域博物館に数多くの保存されてきた民俗資料を確実に残し、資料的価値を広く認識してもらうためには、再調査による価値の再検討の作業を進めて、改めて群資料として残す意義を問い直す作業が必要だと考えています。

そして、地域における暮らしの変化を示す資料として再認識することで、その資料を保存していく重要性を地域住民と共有していくことができるのではないだろうか。そのために、可能であれば有形民俗文化財に指定／登録していくことで、よりわかりやすいかたちでコレクションの存在意義を地域社会に示すことができると、わたしは考えています。

民具コレクションの整理と管理

それでは、具体的に地域博物館の民俗担当学芸員が、どのように民具を収集し、コレクションを形成するか、その手順を紹介しましょう。

フィールドワークを通じて見出された資料を、交渉と事務手続きを経て地域博物館に収蔵されると、まず行わなければならない作業が**資料のクリーニング**です。クリーニング作業は、資料をくまなく観察する機会でもあり、学術的情報を得るばかりでなく、保存のために必要な、資料の状態についてのデータも得ることができます。クリーニングには、豚毛ブラシ等の軟らかめのブラシによる埃や泥の除去を中心とするドライクリーニング、汚れのひどい箇所などを水や50％希釈アルコール等での清掃、膠水《にかわすい》による墨書の補強や、ブラシによる錆《さび》取りと防錆など、素材に応じた作業が必要となります。また、古文書をはじめとする紙資料は中性紙封筒、中性紙収納箱など、有害物質を発しないものを使用します。虫害やカビ害の程度によっては、専門業者による燻蒸《くんじょう》が、破損の状態によっては保存修復が、それぞれ必要となります。

クリーニングを終えると、**目録**と**台帳**の作成作業に移ります。具体的には、計測、素材、保存状況、名称等の情報の記載と写真撮影などの作業です。このデータは、最終的には資料リストである目録と、個々の資料についての詳細情報を記した台帳という形にまとめあげられます。こうした作業は、一般市民から有志を募ったり、興味のある学生を動員したりして進めることができます。これは単なる作業要員の確保ではなく、作業を通して、一般市民の視点で資料のどこに関心を抱くか、この資料を残す意義はどこにあるかなどについて議論をすることで、民具コレクションの資料としての意味や現代的意義について考えることにもつながります。

また、資料には**目録・台帳との照合**が可能となるよう、**注記**または**付《つ》け札**の添付が必要です。文化財は、対象物件がどの資料であると、常に特定可能でなければならなず、とくに民具コレクションの場合は数十点から数百点、多い場合は数千点の資料を管理する必要があるため、目録・台帳との照合が容易にできるよう工夫が必要です。

過去に収集された民具コレクションは、いったん整理された後で移動されたり、担当者が代わったりして、照合が不可能となるケースが多々見られます。付け札に、ID番号、分類番号、資料名など、照合の手がかりとなる情報を付しておけば、万が一、群としてのまとまりが攪乱されても復元が可能となります。

そして、民具コレクションの目録・台帳の整備ができると、これに対応した**民俗誌を作成**する必要があります。これは、学術的な見地から資料に含まれるできるだけ多くの情報を抽出し、検証可能とするために必要なものです。**民俗調査**は、インタビュー調査、参与観察、文献調査などの現地調査を基本とし、資料の性格に応じて適切な調査方法が選択されます。それによって得られた内容によって、収集した民具を誰がどのように製作し、どのような状況で使用されたかといった直接的な情報はもちろん、その地域の社会組織や信仰、集落の歴史、衣食住や生業といった、地域の生活の基盤や背景についての情報によって、民具コレクションを意味付けることができるようになります。

民俗学は経験主義的な調査手法をとるため、こうした情報は調査者の頭の中に収められたままになりがちです。民俗誌の記述は、民俗学的なフィールドワークの集大成ですから、それをまとめる作業は容易ではありません。しかし、だからといって作業を厭い民俗誌作成を怠ると、収集した民具だけが残り、資料的意義そのものが分からなくなってしまいます。

高度経済成長期に全国津々浦々で収集された膨大な量の民具のなかには、こうして調査時のデータを欠いたまま数十年が経過して、結果的に収蔵庫を圧迫するだけの〝お荷物〟としてさえ見られている現状へとつながっています。

民俗誌作成は、調査者の記憶を外部化し、共有可能なものとするための数少ないメディアの1つですから、収集した民具コレクションに対応した書き物を残していくことが、何より重要なのです。

こうして作成した目録・台帳・報告書の3点セットは、地域博物館の財産となるだけでなく、何かのきっかけで民具コレクションを文化財指定しようとするとき、文化財保護審議会等に諮《はか》るための基礎資料ともなります。

調査・整理作業の終了後、民具コレクションは**収蔵庫**に収められます。しかし、国指定物件など一部の資料を除いては、温湿度管理のできる文化財収蔵庫は望むべくもないというのが現状です。しかし、たとえ小学校の空き教室やプレハブ収蔵庫であっても、保存のためにし得る努力はすべきです。最低限の対応として、収蔵空間を施錠できるようにする、収蔵棚が転倒しないような工夫をする、地震発生時の資料の飛び出しを想定し防護ネット等を設置する、紫外線をカットするため防護壁や遮光カーテンを設置する、害虫の侵入を抑えるため開口部に目張りをする、照明器具に美術館・博物館用蛍光灯を使用する、除湿機を動かして溜まった水を捨てるなど日常的な対応をする、といったことはできるはずです。

お金をかけて万全な管理設備を整えることはできなくても、恒常的に**IPM（総合的有害生物防除管理）**ができる体制をつくらなければなりません。IPMは、まず予防的措置として、日常的なクリーニングや虫干しを心がけるという、単純なことから始められます。

次に、**日常的な監視**として、有害生物被害の発生がないかどうかを、定期的にパトロールし、担当者は状況を記録していきます。有害生物による害が発生した場合は、速やかに被害を受けた資料を他のコレクションから隔離し、専門業者による燻蒸等の対策を講じることになります。

地域博物館の学芸員ならではの研究

ここでは、地域博物館の学芸員の調査研究から資料の管理にいたるまでを、民俗分野を例に紹介してきました。地域博物館においては、どんな分野でもその地域におけるフィールドワークが不可欠です。

地域でのフィールドワークにおいては、聞書きや観察、文献資料の調査、民具や石造物などの調査、行事の参与観察など、さまざまな現地調査を通して、地域を総合的に理解するためのデータ収集を行います。そしてそれを通じて、地域のさまざまな立場の人々との対話と協働を行うことが重要です。なぜなら、地域の一般の人々が文化に関してどのようなことに関心を向けているか、またいかなるテーマを掘り下げていけば、地域の課題を考えていく上で必要な情報を提供できるかなど、現在進行形の地域の動きに調査研究を引き寄せていくことにつながっていくからです。

調査研究の成果は、学術論文としてまとめるばかりでなく、コレクション形成や展示、学習コンテンツの作成、ワークショップによる問題提起など、さまざまなかたちをとってアウトプットしていくことができます。

現代の学芸員には、博物館の存在意義を社会とのかかわりからとらえる視点、市民学習の資源となりうる資料の地道な収集・研究、市民参画をコーディネートするファシリテーターとしての役割が求められます。こうした学芸員的な調査研究の手法は、純粋学問的な作法での研究とは別の、もう1つの応用を主眼とした実践的な学問のあり方のモデルとなりうるものです。それを単なる業務としてこなしていくのではなく、現代的な学問のかたちをブラッシュアップしていくのだと自覚的にとりくめるかどうかが問われているのです。

▼この章をより深く知るための参考文献

植木行宣監修『**民俗文化財　—保護行政の現場から—**』岩田書院　2007年

上野和男・福田アジオ・高桑守史・宮田登編『**新版民俗調査ハンドブック**』吉川弘文館　1987年

第10章

協働につなげる価値の掘り起し

日本からの移民が働いたジョージア湾缶詰工場（カナダ・バンクーバー）

"ずらし" の視角

専門家が描く歴史

⬇

身の丈にあった歴史

1 市民の関心のなかに資料を投げ込む

ニュー・ミュージオロジー以降の博物館

1990年代、博物館は〝宝物の殿堂〟のような旧来からのイメージから脱却し、現代社会からの要請に応えるために、そのあり方に対する大きな変革を求められました。その動向をあらわす言葉が、**ニュー・ミュージオロジー**です。これはピーター・ヴァーゴの『ニュー・ミュージオロジー』（**Peter Vergo 1989 The New Museology. London, Reaktion Books**）などによって提起された博物館の特権性への批判から、博物館という装置そのものにまつわる政治性の根本的な問い直しが求められるようになるなかで、新しい博物館像を模索しようという動きが生まれてきたという博物館学の研究動向です。

博物館は、意図を持ってコレクションを形成します。コレクションは、選択／排除の価値判断の積み重ねによって形成されていくので、それぞれの時代の専門家が歴史や文化をいかに描き出そうとしたか、つまり表象の歴史そのものです。博物館が、多様な価値観の尊重や、多文化主義的な文化創造空間の創出といった現代社会の動きのなかで、過去に一方的なまなざしで他者を描き出し、そのイメージを社会に定着させる役割をはたしてきたのではないかというのが、**博物館の権力性**という議論です。

ニュー・ミュージオロジーの議論はさらに進展していきました。例えばシャロン・マクドナルドとゴードン・ファイフ『博物館の理論を立てる』（**Sharon Macdonald, Gordon Fyfe 1996 Theorizing Museums. Oxford, Blackwell**）では、グローバル化の進展のなかで博物館という現場が記憶や文化遺産、表象をめぐるせめぎあいの最前線であるとして、博物館そのものをフィールドワークの舞台として位置付けています。人類学者、社会学者らが、博物館を舞台に起こっていることを、現代社会の縮図として描き出そうとしているのです。

この議論を踏まえると、博物館はもはや歴史的遺産の貯蔵庫として存在することすら許されず、アクティヴに社会に関与していくことが求められます。つまり、多数派が作り出す価値の検証の場として、あるいは市民による文化創造の空間として、さらには同時代を生きる人々との交流を生み出す装置として、博物館は機能することが求められているのです。

　これについて、「フォーラムとしての博物館」の意義を解き続けている吉田憲司さんは「博物館を単に過去のモノの貯蔵庫や一方的な表象の装置としてではなく、そこに立場を異にするさまざまな人びと、さまざまな機関が集い、相互の交流と啓発を重ねる中で、過去の文化を創造的に継承し、新たな文化と社会を構築する装置として活用すること。いわば、博物館をめぐる人と機関のネットワークを通じて、新たな世界を作り上げること。すでに、博物館は、地球規模で、その方向へと動き出している」（吉田憲司『文化の「肖像」：ネットワーク型ミュージオロジーの試み』岩波書店、2013年、219〜220頁）と述べており、その枠組みは実践のなかで構築されるべきと主張しています。

　わたしはこれまで、民具や写真を含む広義の**モノからのアプローチ**をベースに、人々の生活や人々の行動の背景についで考えるフィールドワークに取り組んできました。フィールドを策定し、聞書きや参与観察のなかから問題発見をし、人々の生活や行動の文脈を記述しうるデータの収集と技術や知識を内包したモノの集積を行い、それらの総合化によって民俗誌や展示というかたちで表現していくのは、民俗学のフィールドワークの定石でもあります。

　しかし、ニュー・ミュージオロジー以降の動きを踏まえると、もはやフィールドを、単なる資料の収集やデータの集積の場ととらえることはできなくなります。むしろ調査の営みそのものが、地域の種々のアクターとの対話と協働を不可欠とし、展示も地域社会における様々な動きとの関係においてしか存在しえなくなります。

　さらに描き出された地域像が、地域社会や住民にインパクトを与え、認識の変化を促す場合もあります。地域経済の構造的な変化や災害など、劇的な変化が起こったときに、調査データが当初の研究の文脈とはまったく異なる文脈に位置づけられ、意味を獲得する場合や、特定のモノが何かの象徴として唐突に文化資源化され、いびつなゆるキャラやご当地名物が創作される場合もあります。

生活や記憶という、人々の最も身近なものを掘り起こす民俗調査という行為は、調査そのものが地域の現在進行形の状況のなかに否応なしに位置づけられ、学問のまなざしの不断の問い直しを求められるのです。

もともと民俗調査は、民俗資料という素材を介した価値掘り起こしのプロジェクトとしての性格を多かれ少なかれ持っています。フィールドワークは、調査者と話者がともに営む価値創造的な実践です。その営みは、地域における価値創造の実践を促す契機があるならば、民俗学者がフィールドワークを通じてそこにコミットしていくのは必然であると、わたしは考えるようになりました。

こうした動向のなかで、**何をいかに展示するか**そのものが問題となり、博物館は大きな困難に直面しました。展示とは、誰か（専門家）が誰か（地域の人々）の文化を〝彼ら〟になり代わって表現したり、誰かが自分たちの文化を1つの語り口に統合しながら代表して表現したりという、文化表象を避けて通ることができないからです。

そこには、誰かによる誰かに対するまなざしが介在し、描きうる部分で全体を代表させると同時に、描かれない部分を社会から見えなくしてしまう隠蔽が起こります。では表象などやめてしまえばいいという単純な結論にはなりません。異なる文化的背景を持った人々が共存するのが社会ですから、現代社会から表象行為をなくすことはできないのです。

それであれば、どのようなかたちで歴史や文化を、より良いかたちでいかに提示するかを、実践を通じて考える場として展示の過程やコンセプトを市民にひらいていくことが重要です。

そのために、博物館の機能を従来からの**エデュケーション（教育）**から、**インタープリテーション（解釈）**へと移行させることが求められます。

「**教育**」は、展示されている作品を多くの人に見せること、そしてそれを享受することで知的欲求を満たすというものです。それを生涯にわたって蓄積することが、ふつうの人々の知的生産を高めることにつながると考えられてきました。

一方、「解釈」は、どのように文化や歴史を説明づけるか、どこからの視座で、誰に向けた内容とし、それを誰の声によって作り出すかを考えることです。**展示の担当者**は、どのような言葉を使って解説を書き、どのような順番で展示するのかを、深く追究することが求められます。

大英博物館には、近年「解釈部」という部署が作られ、学芸員や研究者による研究成果をもとに、常設展や企画展の説明をどのように作っていくかや、どこに問題点が存在し、どのようなかたちで表現するかを検討する、専門的な部門を設置しているといいます。当然のことながら、どう展示するかに正解はないのですが、少なくとも展示会場で「この展示はこのような考えのもと企画しました」ということを伝えることで、問題の所在を社会に提示することができます。

地域の歴史や文化の資料を、地域の人々に提示する切り口は、無数にあります。重要なことは、「今回はこういうことを考えてもらいたくて展示をした」、「こういう資料にも目を向けて欲しい」といった投げかけをすることです。こうしたインタープリテーションの考えのもと、わたし自身も地域の人々とともに作り上げる移動博物館活動のなかから、価値創造の空間を生み出していくようなフィールドワークを、東日本大震災の被災地での文化財レスキュー活動の一環で行っている移動博物館で実践してきました。これについては加藤幸治『復興キュレーション：語りのオーナーシップで作り伝える〝くじらまち〟』（社会評論社　2017年）としてまとめています。

多民族国家カナダにおける多文化主義と博物館

目を海外に転じてみましょう。わたしは日本からの移民のコミュニティの資料調査で、バンクーバーを訪ねました。そこで思わぬかたちで学んだのが、市民の文化へのかかわり方でした。

カナダは国是《こくぜ》として**多民族共生**を謳っています。市民といったとき、日本ではつい一枚岩的にとらえてしまうのですが、カナダでは市民がそもそも多様なバックグラウンドをもった人々の集まりです。そして、それぞれの文化を対等に認めるためには、みずからが拠り所としている文化を自覚し、それを共有するコミュニティに参加し、そのコミュニティの活動を通じて社会にコミットしていくことが、多かれ少なかれ求められるといいます。

またその文化についても、伝統文化を守ることだけに固執せず、社会情勢や現代の価値観にあったかたちで変化させていき、いまを生きる文化として再構築しつづけることに重点が置かれています。つまり、多民族国家カナダにおいては、文化的な実践が、社会参加の決定的な要素となるといえます。

こうした背景には、かつて国民的な議論に発展した文化をめぐるコンフリクトがあります。それは、1988年のカルガリー・オリンピックの際に、記念事業として開催されたグレンボウ博物館の特別展「精霊は歌う」展をめぐって起こりました。

グレンボウ博物館はアルバータ州の歴史や文化を紹介するカナダ西部では最大の博物館です。この展示は、カナダの先住民の文化を、いまは失われた過去の文化である民族文化を紹介するかたちで展示されたました。それが、白人との接触当時に記録された伝統文化として表現された先住民像が、西洋からの文脈のみで構成されており、それがステレオタイプでおとぎ話的なイメージを再生産させるだけでなく、先住民の生きた近現代に対する歴史認識に乏しいと批判されました。

そして、何より**現代を生きる先住民の文化継承の実践**をないがしろにしているとして、社会的な議論を巻き起こしました。

この展示のスポンサーに、展示で紹介される予定であった先住民のクリー民族のある集団が、油田開発や森林開発を推進する企業が入っていたことも、展覧会のタイミングが彼らの先住権をめぐる交渉の最中であったことなどが、それに拍車をかけたともいわれています。

この展示を契機に、展覧会等において文化を表象することそのものに対して、積極的な再検討が行われるようになりました。ニュー・ミュージオロジーが課題とする、他者の文化を客観的に展示することはそもそも可能なのかという、博物館の特権性への疑問が、社会の側からも強く投げかけられたのです。

博物館は、調査研究から資料収集、展示普及にいたる一連の過程に、対話と協働をどのように組み込むかを課題とし、以来さまざまな実践が行われてきたのです。

例えば、ブリティッシュ・コロンビア大学の人類学博物館の常設展は、過去に収集された北西海岸インディアンの民族資料を、過去を復元するかたちで展示するのではなく、それにインスピレーションを得た現代の先住民工芸の作家による作品と並べて展示するコーナーがあります。もちろん、その民族資料そのものの時代的な背景や当時の生活様式に対する説明が踏まえられていましたが、あくまで**視座を現在において**います。

また、先住民の権利獲得の運動や、造船や操舵法などの技術の復元と継承の活動そのものも展示されていました。シンボル展示は、ハイダ族の出自をもつ国民的な彫刻家ビル・リードの、先住民の神話をもとにした作品にあり、そこには文化を現代に引き受けたうえで、新たな表現と独自な創造性を介して、未来に受け渡すといったメッセージがありました。

また、バンクーバー市の博物館であるバンクーバー博物館は、多民族の集合体としての都市の近現代を表現する内容でした。展示は、時代を追っていくような通時的な構成もありますが、メインは都市を構成する人々の集団ごとに、まさに市民参画のかたちで企画された内容でした。

例えば、日系移民の歴史の展示では、第2次世界大戦の戦前から戦中にかけて、バンクーバーにどのような日系人の街が形成されていたのかを、日系人団体も調査に主体的に参加して復元していく内容でした。こうした活動は中高年以上の人々が中心になるのは日本もカナダも同じ状況のようでしたが、展示には若者世代の文化交流や、子どもたちの日本文化の学習活動なども小規模ながら紹介され、文化創造を通じた**世代間ギャップを埋める交流**そのものが見えるようになっていました。

シンボリックな場面の生態展示から、現在進行形の調査の過程を示す展示まで、内輪感があるほど市民の関与が強く感じられる展示でした。

また、毎年開催される大規模な日本フェスティバルの紹介もあり、いまを生きる日系人たちの文化的アイデンティティの表現も紹介されていました。

こうした展示が、中国系移民の展示、フランス系移民の展示、ファースト・ネーションズ（先住民）の集住地区の展示など、それぞれに展開されていますが、過去の文化の痕跡を残すものを、現代の文化の実践にどうつなげていくことができるかという一貫した問いが提示されているのです。

学芸員は専門的な研究の技術を活かしながら、それぞれの当事者を巻き込んだ形で展開する市民参画型の調査研究や展示の企画のファシリテーターとしての役割を担い、最終的にはその**活動の過程**、**議論の過程**を展示することが目標となります。日本における地域での住民参加とは背景が異なり、そのまま取り入れることは難しいですが、地域博物館の姿を再考するための参考となるでしょう。

こうしたバンクーバーでの博物館を通じた協働と価値の掘り起しの活動をみてくると、歴史資料は過去の復元のみならず、現在に視座を置いたその資料の問い直しが不可欠であることがわかります。現代においてどのような価値があり、それはどのように人々に受け止められるのかを考えることが求められ、その意味で博物館資料は、もはや過去の表象としてのみ位置づけられないのです。

また学芸員には、学問的な問題関心を持ちつつも、現代を生きる人々がみずからの実践によって意味づけていくものに視点を起き、常にその意味を模索し続けることが文化的な実践につながるように促進する役割を担うことができます。そして、人びとのアイデンティティを模索する動きのなかにコレクションや博物館を位置づけていくことで、地域のなかの博物館という存在の意義を作り出していくのです。

さて、日本でもこうした発想の転換は可能でしょうか。

日本では、博物館と文化財保護が、ともに行政によって担われており、学芸員等の専門職員と文化財保護審議委員等の専門家のみが、資料の価値づけを行っています。博物館資料の分類は、文化財の分類と近似しており、何を収集しコレクションにおさめるかは、学芸員個人の問題意識を超えたところですでに決められています。そのため、人びとのアイデンティティを模索する動きのなかにコレクションを位置づけにくい実情があります。端的にいえば、学術的な意味を持つ資料しか収集できないという呪縛に囚われています。もっと人々の問題関心の方に寄り添うことはできないのでしょうか。

そのことを考えさせられるエピソードとして、あらためてバンクーバーの日常に目を向けてみたいと思います。

和歌山からの移民の子孫の多い日本人街に調査のため、わたしはバンクーバー公立図書館を訪れました。前述の通りカナダは多民族国家であり、とりわけバンクーバーは、ヨーロッパからの移民、日本・中国・韓国のアジア系移民、北西海岸インディアンやイヌイットといったファースト・ネーションズなど、さまざまな人々で市民社会が営まれています。**博物館や図書館は社会の縮図**だとわたしはよく授業で大学生に話しますが、図書館の閲覧室では市民の顔を見渡すだけで、そうしたさまざまな出自の混成で社会ができているることがわかりました。

その閲覧室は、極めて賑やかでした。図書館の閲覧室で〝本探しのお手伝い担当係〟の方に「これではゆっくり本を読めないのでは?」と聞いてみると、「静かに読みたいなら借りていけばどうですか?」と真顔で答えられ、わたしはあっけにとられました。

そこで人間観察をしようと、閲覧室の人々のそれぞれの固まりに顔を突っ込んでみていくと、ある人々は白人の商店主たちで春節祭のセールをやるために中国の正月について調べに来たといい、中国系の洋品店の店主が写真集を見せながらいろいろと説明をしていました。わたしに日本では春節祭をどのようにするのかと聞いてくると、すかさず日系人の店主が「日本ではそういう習慣はないんだよ、アジアを一緒くたにしないでくれ」と横槍をいれてくるので、わたしは苦笑いをするしかありませんでした。

別の団体は大学生で、プレゼンテーションを来週に控えていて毎日のように図書館で話し合いながら発表レジュメを作っているのだといいます。またわたしが訪問したときに、ファースト・ネーションズの「トーキング・スティック」というフェスティバルが行われていたので、先住民のアーティストによるコンテンポラリー・ダンスの公演のお手伝いをするために、調べものをしているという若者たちにも出会いました。アジア地域の文化の書架のあたりでは、日本の郷土玩具の本を探しに来たという、日系カナダ人の工芸作家とギャラリー経営者がいて、話を聞いてみると彼らは色鮮やかな日本の郷土玩具が何で着色しているのかを調べようとしているのだということでした。

このように閲覧室は、文化を愉しむために集まった人々で、ワイワイ、ガヤガヤと賑やかだったのです。

ある日には、図書館の地階で開催されていた先住民の食文化を応用した健康志向のレシピ本を出した作家を招いたワークショップに参加しました。それは、図書館の地下の研修室のような場所での簡単な調理実習（もちろん火は使わない）と、試食交流会を含むワークショップとサイン会という内容でした。

わたしは、こうした多様な動機で訪れる人々のニーズに応じた本を探して提示するレファレンスの職員は、率直に大したものだと思い、仕事は大変ではないかと聞いてみると、「やっかいなオーダーほど面白いでしょ?」とあっけらかんと答えられてしまいました。

勉強や研究のためではなく、文化を楽しみ、それを通じて社会に参加していく。そのために、学術資料からではなく、市民のニーズからコレクションを価値づけ、提示していく姿勢は、やはり日本ではなかなか真似のできないものです。

現代の地域博物館における学芸員の役割

ひるがえって、日本の地域博物館の状況を考えてみるとき、日本の博物館学芸員は、どのように活動することができるでしょうか。

日本では、「学芸員は〝雑芸員〟」といった愚痴もよく聞かれるように、学芸員が調査研究・収集保管・普及活用のすべてをこなします。海外では一概にはいえませんが、キュレーターは資料調査研究担当、レジストラーは資料情報管理担当、コンサベーターは資料保存担当、コーディネーターは企画調整担当、エヴァリュエイターは事業評価担当、エデュケーターは教育普及担当、インタープリターは説明文製作や解説作成担当と、分業体制で博物館を動かしている場合が多いものです。日本では、それらすべてを受け持ち、さらに事務仕事や来場者対応などの開館業務にかかわることもこなさなければなりません。とはいえ、モノと関わり、人と関わるすべてのことに携わり、市民と直接かかわりながら、学術研究と市民活動をつなぐ現場の最前線に位置する仕事には、「総合的」な技術が求められ、〝雑芸員〟だからできることがあると、わたしは経験上考えています。

博物館活動に、住民参加を促すためには、コレクションや地域の文化に精通し、展示やワークショップなども企画し、協働のかたちを作り上げていくことが求められますが、〝雑芸員〟はそのすべてを統合する視点を持つことができるわけで、日本の博物館だからできる市民参画のかたちを模索することができるでしょう。

しかし近年、地域博物館の多くは、予算削減や人員整理、対費用効果と入館者数に偏重した事業評価などの**経営的な問題**に直面しています。運営体制のスリム化や経費節減と、展覧会を含む教育普及活動の充実という、相反する課題に取り組む必要に迫られており、その負担は学芸員にのしかかっています。またいくつかの都道府県においては、博物館の整理統合や指定管理者への運営委託なども現実に進んできており、もはや地域博物館の学芸員は、腰を据えて調査研究に携わることは不可能といわざるを得ません。

　こうした現状に対する博物館の反応は一様でありません。

　例えば、展覧会の数や規模を縮小して現状維持を図ろうとする館、商業主義的な巡回展を積極的に開催して増収を目論む館、博物館としての研究機能を先鋭化して研究機関としての地位を高めようとする館、博学連携に特化した博物館活動によって利潤追求から切り離された教育的意義を高めようとする館など、それぞれの置かれている状況によってさまざまです。

　いずれにしても地域博物館の学芸員は、もはや地域に埋もれた資料の掘り起こしや、その調査研究による継続的な地域研究に専念できる状況にはありません。

　しかし、地域博物館の学芸員は、愚痴をこぼしてばかりいるのではありません。指定管理者に業務委託した博物館が必ずしも成功を収めるわけではないことが明らかとなり、その場しのぎの営利的活動では博物館のイメージ向上が図れないことが実感として広がっていった結果、近年は翻って館が本来的に地域のために果たす責務は何であるのかを、もう一度見つめ直そうという、ミッションの再確認、あるいは模索する動きが広まっています。それに応じて、学芸員の調査研究を含む学芸活動も大きく様変わりしてきていますし、今後もそれは加速していくと思われます。

　ただ、これはかつてのような「古典的」な学芸員像、すなわち地道な調査研究によって資料を収集し展示する博物館の専門職員に回帰する動きではありません。地域博物館の学芸員は、地域研究の水先案内人であり、博物館資料の番人であり、その学術的意義や歴史的価値の提案者であることに変わりはありません。問題はそれらを地域社会の人々の関心や、公共の利益にいかに節合していくかにあるといえます。

2

負の遺産を相対化するキュレーション

絵はがきという〝使いにくい〟資料

資料的価値のずらし、そして市民のニーズのなかでの提示の試みとして、わたし自身が企画者の1人となって実践した活動から紹介したいと思います。事例は、福島市の飯《いい》坂《ざか》温泉での絵はがき調査とその展示を通じた活動です。

具体的な実践の話に入る前に、絵はがきという資料の問題点と可能性について述べたいと思います。**絵はがき**は、印刷物という複製品であり、オリジナルな資料ではないだけでなく、歴史研究においては内容的に資料批判に耐えない、つまりその信憑性や時代的な裏付けが不確定で研究資料として使いにくいものとされています。

一方で、視覚的に取っつきやすく、ノスタルジックな印象もあり、暮らしの変化を知る資料としては古文書や民具よりも、一般の人々にはたいへん親しみやすい資料です。従来の博物館の調査研究においては、学術的な確かさから前者を重視するのが当たりまえでした。しかし、地域博物館における市民との協働を生み出すうえで、また多くの人々に共感を得て活動へと目を向けてもらううえでは、後者の側面を使わない手はありません。視角をちょっとずらして、**使えない資料の使える部分**を、協働によって開拓していけるのではないか、わたしはそう考えました。すこし具体的にそのことを述べてみます。

これまで古い絵はがきは、もっぱら古物を漁る骨董趣味の具として消費されてきました。市場では、人気のモチーフのものは獲得競争によって高価で取引される一方、大半の絵はがきはゴミ同然の扱いです。この商品にもならないようなものが、ある意味づけをすることによって交流の場を生みだしたり、人々の価値観を少しだけ変えたりすることがあるという意味では、おもしろい資料です。

絵はがきの多くは写真を印刷したものです。**写真**は単に図像として写り込んでいるものに価値があるのではなく、そこには撮る側の主観が常に介在しており、写真は写真行為の過程の痕跡として存在しています。視覚文化の観点から見れば、絵はがきは自己／他者表象の最前線だということができます。

そもそも近代的な郵便制度のなかで、はがきは勝手に作成してはならないものでした。それが明治後期の1900年になって規制緩和が行われ、〝私製はがき〟の使用が認められたことにより、観光地の風景や名所を題材とした絵はがきが、全国各地で作られるようになりました。絵はがきは新たな広告メディアとしての性格を強く持ちながら、社会に浸透していきました。

とくに、日露戦争など戦地の状況を生々しく伝える報道メディアとして、絵はがきは国民を駆り立てる機能を担いました。また、様々なイベントや博覧会の絵はがきや、芸妓のグラビアなど、多くの絵はがきが出版された大正〜昭和前期は、絵はがきの全盛期です。

こうした特定の時代背景のもと登場した絵はがきは、歴史研究の資料という観点においては厄介な代物です。絵はがきは、発行年が記されていないものがほとんどで、製作の背景を知る手がかりも少ないのです。

そもそも写真が撮影されてから絵はがきとして出版されるまでのタイムラグが存在し、かつ大量に複製されるためオリジナル性をつかめず、文献学的には2次史料のなかでも史料的な条件に乏しいものといえます。図像そのものは、文献等では明らかにならない多くの情報を提供してくれます。また、人々の行動も映り込んでいれば庶民生活の資料たりうる場合があります。蒐集趣味で大切に保管されたものほど、未使用の状態を重んじるために、絵はがきの所有者が記す情報も少ないため、なおさら年代を知ることができません。絵はがきは、その画像から得られるインパクトが強くある一方で、歴史を知るものとしては傍証資料にすぎないというジレンマがあるのです。

これまで歴史研究において史料として位置づけられてこなかった絵はがきですが、近年では表象文化論の観点から再評価されはじめています。**表象文化論**は、主観的な感覚と客体化された認識にもとづいて営まれる「表象」を切り口に、あらゆる文化的事象が生産・流通・消費される状況やその構造を考察するものです。すなわち、ある時代の人が同時代のことをどのようにとらえていたか、自らをどう他者に見せようとしたかを、視覚メディアやテクストを使って研究する文化研究です。

何がどのように描かれ、それがどう受けとめられ、イメージが構築されていったか、そしてそれがいかに消費され、拡散していったか、またそのときどのような言説が支配的となり、何が抑圧されたかを検討することで、当時の社会を描き出そうとするのです。

一方、絵はがきから近代の観光の特質を描きだそうとする研究もあります。余暇や休暇の誕生、交通網とメディアの発達、サービス業の隆盛などを背景に発展した近代に特有な温泉観光を、絵はがき・リーフレット・鳥瞰図などを資料として明らかにしようとする研究です。

こうした動きのなかで、特に過去のビジュアルな資料を使って、地域の人々の認識の変化を促し、それによって得られた新たな視点から町づくりを考えていこうとすることを、意図的に行っている試みがあります。

原田健一さんらによる『懐かしさは未来とともにやってくる』では、「映像資料は、地域社会の過去の姿を伝える貴重な文化財であると同時に、地域に対する現在のわれわれの認識を捉え直し、さらに未来の地域の進むべき方向を指し示す重量な材料にもなっていく」ものとして、古写真等のビジュアル・メディアを位置づけています。そして、絵はがきや写真に写った内容が過去を知るうえで重要なばかりでなく、それと対面しその経験を共有することが現代の私たちにとって地域の魅力再発見のための新しい視点を得ることにつながり、さらに地域のこれからを考えるうえで独特な役割を果たしうることが主張されています。

地域の資料の**データベース**を構築して公開する活動は、日本全国で行われています。しかしそうした調査の多くは、地域の古写真のアーカイヴを整備して公開することが目的化しています。少し乱暴ないい方をすれば、データベースを公開したら「さぁ、あとは好きに使ってください」と言わんばかりです。原田さんたちの活動の素晴らしいところは、古写真が現代を生きる地域の人々にどのように受け止められ、何を思い起こさせ、それがどのような意味を持っていくのかに、付き合っていこうとするところです。

市民の関心のなかに資料を投げ込むことで、その波紋を観察し、次にどのような資料を提示すればいいのかを考える材料とする、そんな**実践をともなった調査研究**のかたちが、現代的な地域博物館ならではの活動だということができます。

絵はがきの展覧会とワークショップの実践

話を飯坂温泉の絵はがきに戻しましょう。この東北地方でも指折りの温泉地である飯坂温泉で作成された、**戦前の絵はがき**に惚れ込んだのが三本木（旧姓：蒲倉）綾子さんです。大学時代にわたしのもとで、福島市の飯坂温泉をフィールドに戦前から売春防止法が施行される前後の昭和30年代初期までの歴史を描き出す卒業論文を作成し、卒業後も「飯坂絵はがきプロジェクト」として継続的な資料収集と調査研究、そして現地での**文化創造活動**に取り組みました。彼女の卒業論文作成過程での議論にあります。それは、研究の進展によって明治から昭和初期の飯坂温泉の状況が明らかになるにつれ、現代の飯坂温泉で作成されるパンフレットやガイドブックが色街時代ともいうべき時期を避けるかたちで記述されていることに気づいたのです。

海鼠壁《なまこかべ》に囲まれた桜並木の色町の娼妓《しょうぎ》や貸座敷の賑わい、そして華やかさの裏にある過酷な労働と性病といった影の部分は、近年までの飯坂では語ることすら憚《はばか》られるタブーであり、飯坂温泉が現代にまで持ち伝えている**負の歴史**です。

当時の飯坂には、これと並んで芸妓の文化が花開き、様々な文化人との交わりのなかで教養を培う交流の文化も息づいていました。正岡子規や与謝野晶子らも、ここを訪れていました。また、現代に遺る鉄橋や建築、発電所跡など時代の最先端の建造物と、贅を凝らした近代和風建築も、この時期のものです。

加えて、摺上川《すりかみがわ》沿いの奇岩や渓流、滝を歩きながらめぐる〝名所〟も当時の飯坂温泉の愉しみであり、近代の「自然」観の転換を読み取ることができます。さらに、松島と並ぶ重要な目的地の1つであった飯坂温泉は、近代の東北の観光や開発を考える上でも興味深い内容を持っています。

戦前の絵はがきには、飯坂電車、十綱橋《とつなばし》、摺上川とその周辺旅館の風景、天王寺・穴原《あなばら》温泉、千人風呂、赤川の名所、遊郭若葉町《わかばちょう》、鯖湖湯《さばこゆ》などの外湯などが描き出されています。その中でも特に多いのが十綱橋と摺上川であり、摺上ダム建設前の摺上川と船遊びの様子や、現在は残っていない木造5階建ての旅館群などは見事な景観です。

色街をタブー視することは、**同時代の魅力的な研究テーマ**を等閑に付すことにつながり、さらに住民自身による地域の魅力再発見のための発想を狭めることにつながっています。色街を決して礼賛するのではなく、かといってタブー視するのでもなく、明治後期～昭和30年代初頭の半世紀あまりの時代にまつわるイメージを相対化することが、いま必要なのではないかとわたしたちは考えました。

わたしたちは、**移動博物館**企画展『飯坂温泉―絵葉と地図でさぐる戦前のすがた―』（共催：東北学院大学博物館・飯坂絵はがきプロジェクト）を平成23年11月8日（土）と9日（日）の2日間、秋の行楽シーズンで賑わう福島市飯坂町内の「旧堀切《ほりきり》邸」敷地内に残る歴史的な建造物「十間蔵」を会場に開催しました（仙台展として、平成23年7月26日（土）～9月25日（木）会場：東北学院大学博物館でも展示）。

戦前の絵はがき約40枚を展示資料として、ありし日の町並みの風景を楽しんでもらうこの企画は、飯坂絵はがきプロジェクトと東北学院大学博物館の共同企画によって実現したもので、展示資料はすべて飯坂絵はがきプロジェクトの提供によるものでした。11月8日には、「旧堀切邸」主屋を会場にワークショップを実施し、地元の方々や大学生ら42名が参加しました。そして会場を隣接する「十間蔵」に移し、地元旅館の若旦那衆と民謡の歌い手によるユニット「飯坂だ♨べしたーず with 木綿子」が、飯坂小唄をはじめとする福島や飯坂ならではの楽曲を披露しました。

最後に、戦前の絵はがきと現代の風景を見比べながら、一時代前のおもかげを訪ねる「飯坂えはがき散歩（町並みウォーク）」で、秋晴れの飯坂を散策して、絵はがきに描かれた地域の名残を参加者らとともに共有することができました。

交流の場と飯坂の魅力再発見

色街で栄えた時代が終焉してからすでに60年ほどが経過し、その時代がふた時代ほども前のものとなり、最近ではある種のノスタルジーをもって色街時代がとらえられるようになりはじめています。

例えば地域のロータリークラブでは、飯坂の歴史について話題提供の催しが行われ、蒲倉さん（当時）も講演を依頼されました。「十間蔵」での展示でも、会員の方々が見学に来ていただき、絵はがきに写ったものについて時間を忘れておしゃべりが続いていました。

また飯坂では、店先のディスプレイに戦前の観光パンフレットを展示する店舗や旅館もあります。飯坂には昭和前

絵はがき「十綱橋上より各温泉楼を望む」

飯坂温泉旧堀切邸でのワークショップ

期の建物をリノベーションしたカフェや雑貨店等がいくつかあり、文化発信の拠点ともなっています。こうした店舗の店主らは、昭和初期の飯坂について新たな魅力再発見のマルシェ形式の交流イベントや、絵はがきの復刻、SNS上での色街時代の情報のやりとりなどを通じて、これに共鳴した外部のファンを取り込みながら活動を活発化しています。

飯坂温泉ケアセンターの男女の温泉壁面には、戦前の絵はがきを転写した陶板が新たに設置されました。明治後期〜昭和30年代初頭の半世紀あまりの時代にまつわる飯坂温泉の**正／負のイメージを相対化**する、さまざまな試みがこの地域では展開され始めているのです。

今回の企画は、大学博

物館を主体として、地元の文化創造活動の任意団体、ロータリークラブ、観光協会との協働のなかから生まれたプロジェクトでした。この企画にあたっては、地域の様々なアクターがそれぞれ抱えている課題や問題、目標とするものや評価の価値基準の多様さについて少しずつ把握していく過程でもありました。絵はがきの資料をもとに、地域のなかで次の活動が動きだす息吹も感じることができましたが、こうした活動を外部からの関与で継続的に後押しすることは、費用やマンパワーをはじめとするいろいろな制約から難しさもあります。

文化創造のインタラクション

地域博物館には、さまざまな専門分野の学問における調査研究の成果を市民にわかりやすく紹介することが求められるのはいうまでもありません。

それを前提としたうえで、そうした素材をコミュニティの維持にいかに活かしていくかや、地域の人々が社会状況の変化のなかで大切にしていきたいと考えているもの、状況の推移のなかで新たな意味や価値を見出していくものに、いかにつながりをつくっていくかについて、実践を通じて議論を深めていくことが求められます。そこから、研究を深めるべきテーマを調査者が地域から受け取っていくような相互作用へとつなげていくことができます。わたしは、こうした相互作用を「文化創造のインタラクション」（相互作用）と呼んでいます。

「文化創造のインタラクション」とは、調査研究による成果を地域の人々に提示する展示などの場において、逆に地域の人々から新たな提案やアイデアが沸き上がり、それを研究者が引き受けてさらに調査研究をして提示するといった、双方向な関係が動き続ける文化創造活動です。

カナダの博物館と図書館でみたようなかたちでの市民参画は、日本では実現することは難しいでしょう。しかし、さまざまな地域での文化創造の実践に「文化創造のインタラクション」が育まれ、地域の人々が地域文化に楽しみながら接していく機会が増えていくことで、関与の度合いを深めることはできるのではないでしょうか。そのためには、展示やワークショップなどの博物館活動の場を、単なる学習の場としてではなく、対話のなかから次のアイデアが生まれていくような文化創造的な場にしていくことが必要です。学芸員や専門家にはそれを促進させて方向付けるファシリテーターとしての役割が期待されています。

▼この章をより深く知るための参考文献

吉田憲司『**文化の「肖像」――ネットワーク型ミュージオロジーの試み――**』岩波書店　２０１３年

原田健一・石井仁志編著『**懐かしさは未来とともにやってくる**』学文社　２０１３年

蒲倉綾子「**東北の「別天地」・飯坂温泉――飯坂絵はがきプロジェクト――**」（ほろよいブックス編集部編『東京府のマボロシ――失われた文化、味わい、価値感の再発見――』所収）社会評論社　２０１４年

加藤幸治『**復興キュレーション――語りのオーナーシップで作り伝える〝くじらまち〟――**』社会評論社　２０１７年

第11章

文化における「より良い復興」

被災資料の整理作業（東北学院大学による石巻市での作業）

“ずらし”の視角

被災文化財を救う

⬇

復興まちづくりの素材づくり

1　東日本大震災における文化財レスキュー活動

救援委員会による文化財レスキュー

2011年3月11日午後2時46分、三陸沖を震源とするマグニチュード9・0の東北地方太平洋沖地震が発生しました。

わが国の観測史上最大、世界規模でも20世紀に入って第4の規模の超巨大地震は、地震の揺れや津波のみならず、原発事故や交通遮断による物資流通の機能停止、ライフラインの断絶等によって多くの人的被害をもたらしました。その規模は、死者：1万5894人、行方不明：2546人（警察庁発表、2017年12月8日現在）、震災関連死者：3591人（復興庁発表、2017年3月末現在）で、それらを合計すると2万人以上にのぼります。

また、この地震によって発生した津波は、三陸沿岸部で最大40メートル以上、仙台平野では海岸から最大6キロメートルあまりが浸水しました。この津波で家屋が流されたり、原発事故で退避を余儀なくされたり、地震の揺れによる家屋が損壊したりして、震災から7年を経過してもなお、7万5206人が避難生活を送っているのが現状です（復興庁発表、2018年1月16日現在）。

東日本大震災と総称される被害の全体像には、**文化財の被災**も含まれます。指定文化財のみならず、多くの博物館等に所蔵されていたコレクションも被災しました。これまでの災害であれば、こうした資料は指定文化財ではないため、文化財行政的な手当ては望めず、それぞれの所蔵館や所蔵者、およびそれへの支援者らによってボランタリーな対応にとどまってきました。

しかし、今回の震災においては、東北地方太平洋沖地震被災文化財等救援委員会（以下、救援委員会）が組織的にこうしたミュージアムが所蔵する**未指定文化財**から**個人所有の古文書**に至るまで、**文化的な〝財〟**が市町村の救援要請をうけてレスキューされました。

東日本大震災においては、史上まれに見る規模で**文化財レスキュー活動**が展開されました。資金は文化庁長官の呼びかけによる国民や企業等からの義援金・寄付金が公益財団法人文化財保護芸術研究助成財団に集められ、そこから救援委員会に助成されるというかたちをとり、事務局は資材調達、人材派遣、作業日程や一時保管場所の調整、情報収集などを展開しました。

　仙台市博物館に設置された宮城県の現地本部は、さながら戦場の前線本部のような雰囲気でしたが、ここに毎週のように関係機関の職員やボランティアが出入りし、毎日異なるメンバーで異なる現場でのレスキューが展開されたのです。

　この事業には、多くの文化財・美術関係団体が参加し、その構成団体等は、独立行政法人国立文化財機構、独立行政法人国立美術館、独立行政法人国立科学博物館、大学共同利用機関法人人間文化研究機構、国立国会図書館、財団法人日本博物館協会、一般社団法人文化財保存修復学会、全国大学博物館学講座協議会、全国美術館会議、全国歴史資料保存利用機関連絡協議会、全国科学博物館協議会、日本文化財科学会、文化財救援ネットワークです。

　振り返ってみると、この文化財レスキュー事業の実施要項を、わたしは4月上旬に初めて入手しその全体像を知ってかなり驚きました。それと同時に、わたしが被災地の民具研究者として取り組むべき仕事を明確に理解したのです。

　実施要項によると、活動の目的は「損壊建物の撤去等に伴う我が国の貴重な文化財等の廃棄・散逸を防止」することで、その内容は「**救援し、応急措置をし、**（中略）**博物館等保存機能のある施設での一時保管**」とされていました。そしてわたしが勇気づけられたのは対象物の記載の部分で「**国・地方の指定等の有無を問わず、当面、**絵画、彫刻、工芸品、書跡、典籍、古文書、考古資料、歴史資料、有形民俗文化財等の動産文化財及び美術品を中心とする」と表現で記されていました。

　わたしは、民具を含めた博物館のコレクション一般が自治体の救援要請さえ出ればその多くが回収される可能性があることを理解し、しかもそこに「当面」あるいは「中心とする」というあいまいな表現から、この事業が現場の状況に対応しながら本気でレスキュー活動を行うつもりなのだと理解したのです。

　つまり、**文化財レスキューの対象**を文化財保護法上の指定文化財に限定せず、例えばある博物館の収蔵庫にレスキュー活動に入った場合、指定文化財はもちろん古文書や民俗文化財が対象となり、されにそこに収蔵されている昆虫標本などの自然史資料や、産業史関係資料、図書資料など、あらゆるものが対象化される可能性を示唆するものだったのです。そして実施体制には、「文化庁は、当該県内等の博物館等保存機能のある施設に対し、被災文化財等の一時保管について協力を要請する」とありました。

石巻市鮎川収蔵庫での文化財レスキュー

わたしは、行政職員らが総動員で市民の生活維持・支援にあたってきた様子を避難所生活のなかで見ていましたから、公立博物館の学芸員は迅速な動きができないだろうと考えました。

そしてわたしが学芸員を兼務している大学博物館としては、**人材の提供と一時保管場所の提供**という仕事をすべきであると考え、県の担当者に大きなコレクションを受入れたい旨を伝えたのです。結果的に県と救援委員会が調整して、東北学院大学は石巻市鮎川《あゆかわ》収蔵庫資料を一括受け入れすることになり、現在にいたる文化財レスキュー活動に着手したのです。

宮城県における民俗資料の被災の全体像

宮城県内にもともと、何か所の博物館や収蔵庫に民具を中心とした民俗資料のコレクションが所蔵されていたのかはわかりませんが、宮城県内の文化財レスキュー活動の現場は50か所を超えていました。これに加え、NPO法人宮城県歴史資料保全ネットワークが扱ったレスキュー案件も50か所以上あったと聞いていますので、宮城県内における文化財の被災現場はゆうに１００か所を超える数となりました。１つの県で１度に１００か所以上の文化財レスキュー対象現場が発生する事態は、世界規模でみても**博物館史上例のないこと**といえます。

救援委員会が実施したレスキュー案件のうち、30件以上ではその対象に民俗資料を含んでいました。文化財レスキューが必要な現場には、大きく分けて2種類あります。内陸部の地震被害によって文化財レスキューが必要となった現場と、沿岸部の津波被害によって文化財レスキューが必要となった現場です。民俗資料が被災した場合、量と質の両面において厄介さがあります。

まず**量の問題**は、民俗資料と古文書、考古資料、自然史標本など、いわゆる未指定文化財に共通した問題であるといえます。資料ただ1点では資料的価値を帯びず、群を形成し、さらに他地域でも同様の資料群が形成されてはじめて資料的意義を持つようなものだからです。

量の問題は、レスキュー現場の数の問題にとどまりません。民俗資料は、ひとつひとつの現場でのレスキューすべき資料点数が多いのです。宮城県内で、資料点数の多かった民俗資料のレスキュー現場には、石巻文化センター、石巻市鮎川収蔵庫、石巻市門脇《かどのわき》小学校、気仙沼市唐桑《からくわ》漁村センター、気仙沼市個人宅（尾形家資料）、女川町《おながわ》マリンパル女川のほか、県南部の個人宅などが挙げられます。とりわけ石巻文化センターは、膨大な民具が被災し、２０１１年5月から6月にかけて水洗作業が進められました。

次に**質の問題**ですが、民具は多彩な素材で構成されている点が厄介です。紙素材、木材、金属部品が複合しているうえに、墨書や使用痕を尊重しなければならないので、すべてきれいにし過ぎてはいけないという制約もあります。加えて津波による被災では、海水の塩分、汚泥、有害物質、油といった複数の影響を受けた資料が、数か月間にわたってレスキューができず放置され、**錆の進行**や**カビの繁殖**、**有機物の劣化**が起こっていたわけです。そして津波でかきまぜられた資料は、多くが**変形**、**破損**していました。

資料の**汚染の内容**もまちまちでした。例えば、石巻文化センターの資料は隣接する製紙工場から流出した大量のパルプにまみれ、そこにカビがビッシリと生えていました。津波の最初の到達地のひとつである牡鹿半島の突端に近い石巻市鮎川収蔵庫は、波の勢いによる破損がひどく、いってみればほぼすべての資料がバラバラでした。水産加工工場の林立していた女川町のマリンパル女川の資料は重油まみれでした。こうした質的な厄介さは、量の問題とあいまって、とても作業として追いつかないという事態を引き起こしました。

文化財レスキューの現場が多い理由

こうした被災地での活動を、とくに海外で紹介する機会には、必ずといっていいほど質問を受けることがあります。それは「なぜそんなに文化財レスキューの現場が多いのか。どうして末端の市町村のほぼすべてに、地域の資料が分散しているのか」ということです。日本では、全国各地域の市町村に、地域史や民俗資料を展示する公立・私立の**小規模地域博物館**が存在します。平成23年度社会教育調査の総括表によると博物館と呼びうる施設は全国に4485館あるが、そのうち市町村が設置し、かつ学芸員数が不在な施設は2893館、学芸員が1人の施設は237館です。学芸員不在の場合は、市町村の文化財担当職員等が業務を担当しているようなケースでしょう。

いずれにしても、日本の博物館の半分以上は、小規模地域博物館とみてよいのです。それらの多くには、地域の生活文化財と呼ぶべき民具をはじめ、古文書や考古資料など膨大な量の資料が保管されています。そのコレクション形成は、日本の高度経済成長期に全国的に展開した**民具収集運動**に負うところが大きく、小規模地域博物館の**建設ラッシュ**と民具収集運動は1980年代まで続きました。現在では、ほとんどの市町村に何らかの小規模地域博物館と民具コレクションが存在する状況となっているのです。

小規模地域博物館の展開は、戦後の日本における**地域の歴史研究**や**民俗学の研究動向**と関連しています。そしてその展開は、資料が地域に蓄積されていった歴史、すなわち市町村に1次資料が〝釘付け〟になっていったという経緯と無関係ではありません。

最も大きな要素は、昭和30年代後半以降の小規模地域博物館の建設ラッシュです。

国の補助金によって末端の市町村にいたるまで博物館施設が建設されていき、観光や学校教育や生涯学習の施策と密接に絡みながらその数を増やしていきました。それと並行して進んだのが、**自治体史編纂事業**の隆盛です。10～20年といった長い年月をかけて編纂される市町村史は、刊行後に大量の史資料が自治体に残され、小さい町村ではその後の整理作業は行われ難く、役場の倉庫や図書館の一室に保管されることが多いのです。また、開発に伴う**行政発掘調査**が圧倒的に増大し、自治体は大量の考古資料の保管に苦慮することになりました。

一方、学問的にも地方史研究の進展や地域に視座を置いた研究方法の隆盛、そしてそのそれに裏付けられた**資料の現地保存主義**なども、個別地域に史料を保管することの前提にあります。

民俗学においても、全国規模の比較研究から、自己完結的な地域における様々な事象の統合的な記述による民俗誌の思考が濃厚となっていき、民具の収集保存運動の理論的基盤となっていきました。

高度経済成長期、生活様式が激変し、身近な道具が新しいものに入れ替わっていくなかで、「古いもの」は残さなくてはいけないのではないかという、ある種のレスキューを当時の人々は行ったわけです。そこにはモノの集積で地域を描けるという思考が働いており、網羅的に数を集めることが1つの目標となり、たちまち収蔵庫を圧迫しました。

小規模地域博物館に共通の悩みは収蔵空間不足と資金不足であり、その2つが活動そのものを困難にしているということは、全国どこでも見られる窮状です。

また、こうした全国に小規模地域博物館が生まれていった昭和中期は、「**郷土史家の時代**」と呼びうるような地元の知性が活躍した時代でもありました。町村の自治体史編纂や文化財保護審議会等は、大学の専門家だけでなく郷土史家が主要なメンバーとなり、地道な活動の舞台となっていきました。しかし、まだまだ現役で活躍している方々も多いものの、現在こうした人々の多くは他界し、その跡を継ぐ人も少ないのです。郷土史家の時代とも呼びうる昭和中期が、特有な時代であったのでしょうが、いずれにしても現在では文化活動そのものが地域において重要な役割を果たせなくなってきており、おのずと小規模地域博物館の活動も停滞していったのです。

小規模地域博物館の活動がこの20年間以上停滞しているばかりでなく、主として財政的な理由や**市町村合併**による統廃合や閉鎖も進んでいます。施錠して虫干しや清掃から始めるような初歩的な**ＩＰＭ（総合的有害生物防除管理）**も行わない**死蔵状態**のみならず、**資料の廃棄**の例も聞かれます。

こうした地方のどこの市町村にでも見られるような状況のなかにある、収蔵庫や資料館等が大規模災害を被ったときには、救援作業が後手に回ってしまいます。被災地では、被災当初の特殊な状況と、現代社会がかかえる埋もれた問題が顕在化する状況の両方が混在しているものです。小規模地域博物館がかかえる災害に対する脆弱性は、現代の文化行政や博物館の重要な問題として、もっと議論されるべきだとわたしは考えます。

文化財防災のためのネットワークづくり

東日本大震災を契機に構築された、文化財のカテゴリを超えた諸団体の連携による文化財レスキュー体制は、現在の**文化財防災ネットワーク**に引き継がれています。これは、文化庁と連携しつつ非常災害時における文化財等の防災に関するネットワークを構築すること、必要な人材の育成、情報の収集・分析・発信を行うこと、そして有事における迅速な文化財等の救出活動を行うための体制を構築することを趣旨としており、国立文化財機構に事務局が置かれています。

その連携の中心となる文化遺産防災ネットワーク推進会議は、２０１７年11月現在、24団体で構成されています。具体的な参画団体等は、独立行政法人国立文化財機構、独立行政法人国立美術館、独立行政法人国立科学博物館、大学共同利用機関法人人間文化研究機構、国立国会図書館、国立公文書館、日本博物館協会、日本図書館協会、全国科学博物館協議会、一般社団法人文化財保存修復学会、日本考古学協会、日本文化財科学会、全国美術館会議、全国歴史資料保存利用機関連絡協議会、全国大学博物館学講座協議会、宮城歴史資料保全ネットワーク、歴史資料ネットワーク、西日本自然史系博物館ネットワーク、全国歴史民俗系博物館協議会、大学博物館等協議会、文化財保護・芸術研究助成財団、文化財保存支援機構、日本民具学会、九州・山口ミュージアム連携事業実行委員会となっています。

東日本大震災を契機に、文化財レスキュー活動で**救援する対象**が格段に広がりました。その主な対象は以下のようなものです。

＊国／都道府県／市町村指定文化財
＊未指定の美術史資料
＊ミュージアムが所蔵する考古・民俗・歴史のコレクション
＊ミュージアム等や各戸で所蔵する自然史資料・標本
＊図書館が所蔵する貴重図書や歴史資料
＊自治体が管理している現用の公文書

＊自治体が管理している永久保存文書等
＊公民館や図書館等が保管する自治体史編纂資料や旧町村の行政文書
＊図書館が所蔵する開架／閉架の図書資料
＊各戸が所蔵する未指定の古文書等
＊学校で保管されてきた学校史資料

こうしたものは、被災現場では混在したかたちで存在します。文化財建造物のなかに重要文化財の作品と古い古文書があるとか、図書館に貴重な歴史資料があるとか、公民館に民俗資料と考古資料、古文書が保管されているとかいった状況です。それらを文化財レスキュー活動でカバーするために、それぞれの分野の全国組織や学会等が**連携する必要**がこれまで以上に高まっています。文化財防災ネットワークは、毎年のように頻発する水害や地震等の大規模災害における文化財防災と文化財レスキューにおいて、極めて重要な役割を果たしていくことでしょう。

2 文化財レスキューから文化創造活動へ

文化財レスキュー活動の実際

東日本大震災は、メディアでは大規模な津波の被災地と原発事故の影響ばかりが取り沙汰されてきましたが、内陸部における地震被害についてはあまり話題になりません。内陸部、とりわけ宮城県北部の内陸部農村の一部は、建物の損壊など目も当てられないほどの状況がありました。そうでなくても自らの生活もままならないなか沿岸部からの避難者の大量受け入れや、物資不足などが起こります。

内陸部での文化財被害への対応について、角田《かくだ》市の例を紹介します。宮城県南部の内陸部、阿武隈《あぶくま》川流域に位置する角田市では、幸いにして阿武隈川の堤防を津波が越えなかったことから、北上川流域のような津波被害を受けることはありませんでした。しかし、地震の揺れによって市立郷土資料館として活用されている指定文化財の旧氏丈邸《きゅううじじょうてい》が被害を受けたのをはじめ、市内各所でも少なからず文化財の破損や修理の必要な歪みなどが発生しました。

民俗資料では角田市福應寺《ふくおうじ》毘沙門堂のムカデを描いた特徴ある養蚕のための祈願絵馬群が被災、市の施設に一時保管されました。この絵馬は震災前から進められてきた整理作業が、震災後も継続され、震災1年後の平成24年3月8日に「福應寺毘沙門堂奉納養蚕信仰絵馬」として県内初の国の重要有形民俗文化財に指定されました。絵馬2万3477枚の整理を、震災直後の混乱、その後の文化財の修理や隣接する沿岸部自治体からの文化財の一時保管の受入れなどと並行して成し遂げた市教育委員会の努力と実力には、まったく頭の下がる思いです。

沿岸部の大規模な津波被災地の状況は、内陸部とは異なる困難さがあります。ここではそうした現場の事例として、わたしがこれまで取り組んできた石巻市鮎川収蔵庫の民具の保全活動を紹介します。文化財レスキュー活動は、圧倒的な物質的損失のなか、かつてコレクションとして収蔵されてきたであろう資料を回収し、内陸部や全国の博物館施設に一時保管し、保全作業を行うというのが基本です。東北学院大学で受入れた石巻鮎川収蔵庫の文化財レスキューは、以下のようなプロセスで行われました。

最初の現況確認は、石巻市教育委員会の文化財担当者と被災前の管理者である牡鹿公民館長立ち合いのもと、6月8日に救援委員会メンバーと、県と市の担当者、大学教員等が現地入りして行われ、**一時保管場所の確保**や**搬出計画の立案**などが行われました。石巻市鮎川では、津波は8・6メートル、収蔵庫は屋根まで水没するも、プレハブ建物と資料の大半は残存、壁が破られ瓦礫が流入し、奥の壁面から資料が流出したという状況でした。民俗資料は津波の圧力で押し潰され、考古・地学資料は一面に散乱して埋没していました。隣接する体育館は遺体安置所として使われていましたが、石巻市内に統合されたため、ここを仮置きスペースとして確保できました。

6月中旬、奈良国立文化財研究所と宮城県考古学会とで編成されたレスキュー隊が考古資料を中心とする第1次のレスキュー活動を実施、翌週の6月28日と29日、国立文化財機構と文化財美術関係団体の研究者、新潟や三重の研究者や学芸員、一時保管施設の本学教員、総勢20名あまりで構成した**レスキュー隊**が民俗資料の収容が行われました。

資料はすべて牡鹿体育館に保管し、美術品運搬用の4トントラック10車以上の規模で東北学院大学博物館に段階的に搬入されました。

クリーニング作業は、まずわたしと大学院生が資料の状況把握をして「**文化財レスキューカルテ**」に内容を記載、そのうえで作業をする個々の学生にクリーニングの内容と方法、やってはいけないことなどの指示を書き込み、大学生たちに作業を指示するという方式で行い、作業の過程ごとにすべての資料の**写真経過記録**と、**作業日誌**の継続的な作成を行いました。この作業を**1次洗浄**と呼び、資料の物理的安定を目指した応急処置を目的としています。

当初は塩害を懸念して水洗を積極的に行いましたが、資料の腐敗や劣化が予想以上にひどく、かえって殺カビ作業に追われることになり、梅雨時期を前にして極力水洗を避ける**ドライ・クリーニング**へと転換せざるを得なくなりました。こうした作業は文字通りの人海戦術であり、初年度の作業へののべ参加者は約600名、ボランティアとして参加した大学は11大学にのぼりました。

震災2年目には、より状態を良好にするため、2度目のクリーニング作業である**2次洗浄**を行いました。3年目には、学生による**脱塩作業**や二酸化炭素を用いた**燻蒸作業**などを本格的に進め、4年目には資料台帳・目録作成作業やバラバラになった民具の修復作業を進め、震災から5年を経過してようやく石巻市内の**仮収蔵庫**へと移送することができました。そこからは、旧牡鹿町誌編纂資料の整理作業を3年計画で進めており、文化財レスキュー活動はまだまだ終わりが見えないのが現状といえます。

沿岸部は集落の高台移転先の多くが**埋蔵文化財包蔵地**であるため、自治体の文化財専門職員はそちらの対応で手いっぱいでしたが、震災から7年目の現在は、新たなミュージアムの建設のための作業も進んでおり、沿岸部で壊滅した博物館のいくつかは再建に向けて具体的に動き始めています。

東日本大震災からの復興の基本方針（平成23年7月29日、東日本大震災復興対策本部策定）」には、（2）地域における暮らしの再生、⑤文化・スポーツの振興の項目に、「（i）「地域のたから」である文化財や歴史資料の修理・修復を進めるとともに、伝統行事や方言の再興等を支援する。また、被災した博物館・美術館・図書館等の再建を支援する」と位置づけられており、**ミュージアムの再興**と**文化財の保全**が復興のための事業として進められています。

復興まちづくりにおける文化創造活動

わたしは、石巻市鮎川収蔵庫の現場での文化財レスキューを、次の3つの段階で進めています。

第1段階：**資料の応急処置と整理作業**、第2段階：**資料のバックデータ復元のための活動**、第3段階：**復興まちづくりにおける文化創造活動**です。このすべてのプロセスを博物館活動として実施することを、わたしは復興キュレーションと呼んでいます。

復興キュレーションは、被災に対する緊急対応としての文化財レスキュー活動を、**復興まちづくり**における文化創造活動へと橋渡しするための方法と考えています。

この第2段階における活動として、わたしは学生たちと復旧を終えた被災文化財を被災地で展示・陳列し、地域住民から民俗資料と生活文化に関する聞書き調査を行い、民具の生活のなかでの使われ方などのバックデータを復旧する活動を行ってきました。

2018年3月末までに通算17回の展示を開催、1200枚を超える聞書きデータを得ました。民具や古写真などの生活を想起させる資料は、**被災後の地域社会**を生きる人々にとって、さまざまな意味を持っています。

現在進めている、被災地での民具や古写真をもとにしたかつての生活についての聞書き調査では、いわゆる民俗学のデータを収集する作業にとどまらず、ひと昔あるいはふた昔まえの、**ふつうのくらしのエピソード**について自由に語ってもらう形式をとっています。学生たちはその聞き役であり、語られるくらしの風景に思いを馳せ、そこに没入していくようにしてくらしについての理解を深めていきます。

民具や古写真から想起されるのは、子どものころの具体的な出来事や、家族など身近な人々の印象、くらしの変化、何かを成し遂げた〝武勇伝〟などの、**パーソナルな記憶**です。その記憶は、具体的な土地と切っても切り離せないものであり、現在は更地になっていたとしても、そこにいきいきと生活の匂いを呼び起こさせます。

展示場では、来館者が民具を見ながら語るエピソードに対し、別の人が別のエピソードを語りだし、それらはまったく異なる経験の話をしているのに、奇妙に共感を得ているといった場面が頻繁にみられます。

1つのエピソードは、一本の糸のように他愛のないものですが、それを大量に集めて束にしたとき、**エピソードの集積**はかつてそこにあったくらしを浮かび上がらすことができるのではないでしょうか。資料保全と同時に、被災地で展開している**聞書きのプロジェクト**では、民俗資料の収集時に民俗学的に見出された価値づけとは別の、新たな資料の意味や価値が絶え間なく生成していくような印象があります。

その語りは、震災そのものの話をしているわけではありませんが、震災経験を踏まえたうえで、民具や古写真から想起される過去の出来事によって新たに意味づけられた記憶の吐露となっています。

被災地に再建されるミュージアムとそこで展開される博物館活動は、被災前に復旧するのみならず、災害発生時から再開館までの間に展開される博物館活動を踏まえたものであるべきだと、わたしは考えます。なぜなら、災害を経て地域文化の果たす役割や、人々の歴史観、研究者の資料観などは大きく転換するからです。加えて、地域住民のミュージアムに対するニーズや、復興後の地域社会における地域文化への愛着の持ち方なども決定的に変化していきます。

被災地では、多くの町や集落が津波で壊滅し、復興にあたっては住宅の再建が制限されている地域が多いのですが、そうした地域では人々は高台に移転して地域の再生を目指すことになります。また地域に継続的に居住できる地域においても、嵩上げ工事を経て**地域の景観**はまったく異質なものとなっていきます。

地域社会の復興においては、被災前のくらしを伝える民俗資料や聞書きデータは、過去と現在、そして被災経験を踏まえた地域の未来像をつないでいく役割を担っていくはずです。民俗資料は、「被災地で生きていくこと」において新たな意味を担っており、ポスト文化財レスキュー期の**移動博物館**は、その意味創出の場となります。ここまでくると、前述の第3段階に入ってきます。

復興まちづくりにおける文化創造活動の段階においては、地域住民の「声」を作り出すことができるはずです。**地域住民の声**というと、市民の意見を復興などの地域の課題に反映させるという意味合いが強いのですが、ここでいう「声」とは文化財レスキューと聞書きを中心に据えた移動博物館によってすくい上げられる、地域住民が復興後の生活において大切にしていきたいと思っているくらしの文化や、人々の心の内にあって互いに共有可能な地域のくらしのイメージを体現するものです。

高台移転や更地を活用した新たな町づくりが完了したのち、人々がもとめるものは、そこにくらしてきた自分や家族の歴史と、現在のくらしとのつながりです。それをつなぎとめるものが、ひとりひとりのくらしの風景を映し出す語りとエピソードであり、そしてそれを共有し膨らませていくためのプラットホームとしての役割こそが、被災地のミュージアムの新たな可能性ではないでしょうか。

こうした活動は、専門家が一方的に行うのではなく、地域におけるさま

被災文化財の展示会場での聞書き

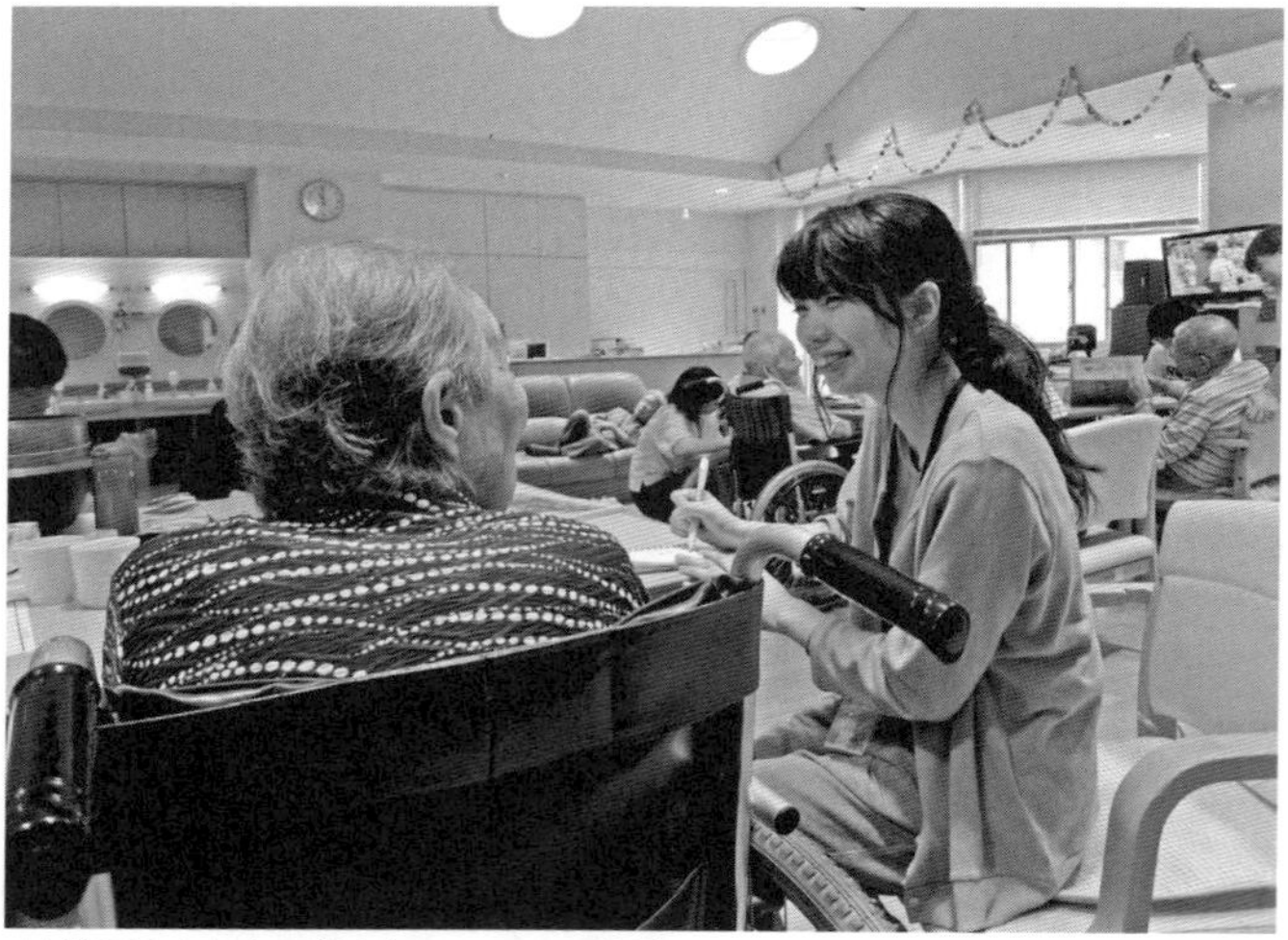
被災民具をもとに暮らしについての聞書き

ざまな連携のもと継続的に行っていくことが重要です。被災地では、地域が時間の経過とともに動いているのを肌身で感じることで復興を「プロセス」として認識することや、地域の行政や企業、商工会、漁協、捕鯨会社、老人ホームや福祉施設、学校、ボランティアなどさまざまなアクターとの協働によって新たな〝楽しいこと〟が生まれ、共有されていくことが大切です。博物館活動を通じて地域の〝今〟を理解していく過程は、次の活動を生み出すヒントを得ることができます。

また、文化財レスキュー活動は、文化財に対して行う作業としては悉皆《しっかい》調査の形式をとります。**悉皆調査**は、何か特定のものを取捨選択して調査するのではなく、とにかくすべての資料を1から10まで順番に調べていく方法です。この資料ひとつひとつを精査する作業によって、地域理解が深まっていきます。

文化財レスキュー活動を終えると、地域の研究素材が災害前よりも使いやすくなるだけでなく、地域理解に欠かせない情報が格段に増えることにつながります。これを、わたしは**文化における「より良い復興」**と呼んでいます。復興まちづくりに地域の歴史や文化を活かしていくため、埋もれたネタを地元に提供し続けるために展示などの博物館活動を続けることが、復興期にこそ求められています。そのためには、文化財レスキュー活動にたずさわるすべての人が、それを単なる作業とせず、資料を面白がり、聞書きを楽しみ、地域の人々が大切にしたいものに共感することが、なにより大切なことなのです。わたしは、復興キュレーションによって文化における「より良い復興」を作り出していくことを、災害からの復興における重要な課題として、広く提言したいと思っています。

▼この章をより深く知るための参考文献

国立歴史民俗博物館編『**被災地の博物館に聞く**』吉川弘文館　２０１２年

日高真吾編『**記憶をつなぐ　―津波被害と文化遺産―**』千里文化財団　２０１２年

橋本裕之・林勲男編『**災害文化の継承と創造**』臨川書店　２０１６年

あとがき

書店で文化遺産や文化財にかんする本をさがすと、物見遊山的な観光ガイドか、制度の仕組みを解説するおカタいものが大半を占めます。わたしを含む博物館学芸員のマインドをもつ人が、旅先や調査先で見たいものは、実はこれらの本のどちらにもあてはまりません。学芸員らは、仕事においてもプライベートにおいても、文化遺産や文化財を訪ねて西へ東へと歩きまわります。そして、なにか自分だけが気がつくオモシロいことはないか、あるいは自分なりの興味関心で異なるジャンルのものとつなぎあわせられないかなど、じつにマニアックに楽しむものです。そうした人文学のほんとうのオモシロさにふれるような、文化遺産や文化財の本を大学生むけに作りたい、この数年わたしが考えてきたことです。

そうしたものを構想していた時に出会った1冊の本があります。

羽生善治さんがNHKスペシャル取材班とともに著した『人工知能の核心』（NHK出版、2017年）です。これは、2017年6月に放送されたNHKスペシャル「天使か悪魔か：羽生善治・人工知能を探る」をもとに、現代最高峰の棋士が人工知能技術とこれからの社会像、人間像について思索を深めた過程をまとめたものです。本書での羽生さんの人工知能に対する切り口は明確で、「人間にしかできないことは何か」です。理系の技術的なことばを、羽生さんなりに理解していくやりかたそのままに提示し、もはや人工知能の問題にとどまらず、わたしたちの社会のこれからへと広く話題が展開されていきます。読者は、羽生さんからものの考えかたの核心にある、「こういうふうにとらえるとオモシロい」という観点を、本書から受け取ることができます。羽生さんは人工知能という問題と対峙する際に、〝ずらし〟の視角をもとに、価値を深堀りしています。人文学にたずさわるなかで大切にしたいと考えてきた〝問題発見〟の極意を、わたしはこの天才棋士のなかに見たのです。

この自分なりの切り口で見つけるまなざしは、一般的に認められた価値からの〝ずらし〟の視角に根ざしたものです。わたしが思いえがくのは、多くの人々がそれぞれの興味にもとづいて文化の価値の深掘りを始め、それぞれの視角をシェアしあうことができるような未来像です。

そうした考えにもとづいて、ものを書こうとするとき、概してドンピシャリの専門分野の話題よりも、専門ではないがそれに深い関心を抱いているという分野において、話題を広げていくことができます。専門家と門外漢の、ちょうど真ん中にあるような位置から考えてみると、広がりのある話題提供となるものです。本書の各章では、まず一般的に認められている価値を提示し、そこからわたしの興味関心にもとづいて視角の〝ずらし〟をして、それを〝勝手に楽しみながら〟書くという特異な構成をとりました。それは、読む人それぞれのなかでひろがりのある話題提供としたかったからです。

本書の制作にあたっては、企画から校正に至るまで、東北学院大学文学部研究生の佐藤麻南さんの協力を得ました。また、こうした内容を、一般の読者の興味関心とどのようにつなぎ合わせていくか、どのような体裁や装丁をとれば、わたしのメッセージが伝わるかという、本づくりの部分において、今回も社会評論社の編集者、板垣誠一郎さんと議論を深めました。この場を借りておふたりに謝意を伝えたいと思います。

最後に、わたしの研究活動と博物館活動を支えてくれている母と妻とふたりの子ら、そしてわたしひとりでは実現できない研究をともにかたちにしていく同志でもあるゼミのみんなに、こころからありがとうを伝えて、本書を締めくくりたいと思います。

夕日がうつくしい牡鹿半島・小渕浜の馴染みの宿にて

加藤 幸治

著者紹介

加藤 幸治

（かとう こうじ）

東北学院大学文学部歴史学科教授・同大学博物館学芸員。専門は民俗学、とくに物質文化論。静岡県出身。

総合研究大学院大学文化科学研究科比較文化学専攻（国立民族学博物館に設置）修了、博士（文学）の学位取得。第17回日本民具学会研究奨励賞（2003年）・第21回近畿民具学会小谷賞（2003年）・第16回総合研究大学院大学研究賞（2011年）を受賞。

現在、日本民俗学会第32期理事、日本民具学会第17期理事ほかを務める。

主な著作として、単著に『郷土玩具の新解釈　無意識の“郷愁”はなぜ生まれたか』（社会評論社、2011年）、『紀伊半島の民俗誌　技術と道具の物質文化論』（社会評論社、2012年）、『復興キュレーション　―語りのオーナーシップで作り伝える〝くじらまち〟』（社会評論社、2017年）、共著に国立歴史民俗博物館編『被災地の博物館に聞く』（吉川弘文館、2012年）、日高真吾編『記憶をつなぐ　津波災害と文化遺産』（財団法人千里文化財団、2012年）、橋本裕之・林勲男編『災害文化の継承と創造』（臨川書店、2016年）ほかがある。

文化遺産シェア時代　価値を深掘る“ずらし”の視角

2018年3月15日初版第1刷発行
2019年3月15日初版第2刷発行

著　者／加藤幸治
発行者／松田健二
発行所／株式会社　社会評論社
〒113-0033　東京都文京区本郷2-3-10　お茶の水ビル
電話　03（3814）3861　FAX　03（3818）2808
挿画／加藤伸幸
印刷製本／倉敷印刷株式会社
http://shahyo.sakura.ne.jp/wp/（検索「目録準備室」）
ご意見・ご感想お寄せ下さい　book@shahyo.com

最新情報はコチラ